기독교문서선교회 (Christian Literature Center: 약칭 CLC)는 1941년 영국 콜체스터에서 켄 아담스에 의해 시작되었으며 국제 본부는 미국 필라델피아에 있습니다. 국제 CLC는 59개 나라에서 180개의 본부를 두고, 약 650여 명의 선교사들이 이동도서차량 40대를 이용하여 문서 보급에 힘쓰고 있으며 이메일 주문을 통해 130여 국으로 책을 공급하고 있습니다. 한국 CLC는 청교도적 복음주의 신학과 신앙서적을 출판하는 문서선교기관으로서, 한 영혼이라도 구원되길 소망하면서 주님이 오시는 그날까지 최선을 다할 것입니다.

추천사 1

김인중 목사
안산동산교회 원로

1979년에 안산동산교회를 개척한 뒤 저는 줄곧 성경과 하나님의 관점을 붙들고 하나님이 기뻐하시는 교회 성장을 위해 최선을 다했습니다. 교회 성장은 저에게 떼려야 뗄 수 없는 과제였습니다. 그런데 안산동산교회는 초대형 교회로 성장했지만, 교회의 질적 성장에 나타나는 긍정적인 면은 무시되고 지나치게 경영적이고 비즈니스적이라는 비판을 받아야 했습니다. 이와 같이 교회 성장과 관련된 이슈들은 목회하는 동안 늘 부담이었습니다. 본서는 이런 문제와 고민을 일시에 정리해 주는 좋은 책입니다.

본서는 진정한 교회 성장을 꿈꾸는 사람들을 위한 책입니다. 맥가브란이 한 말, "만일 교회가 필요한 사람들에게 하나님의 능력에 관한 복음을 전하고 있다면, 만일 교회가 교회 성장에 관심이 있다면, 만일 교회가 교회 성장을 위해 기도하고 있다면, 만일 교회가 교인들을 그 교회의 성장에 참여시킬 수 있다면, 성장하지 않을 이유가 없습니다. 아시다시피 하나님께서는 당신의 잃은 자녀들을 다시 찾기를 원하십니다."라는 말은 다시 한번 저의 심장을 뛰게 합니다. 이것은 제가 교회를 개척할 당시에 저의 심장을 뛰게 했던 도전이었기 때문입니다.

저는 이 책에서 설명한 교회 성장의 올바른 이해와 긍정적인 면들을 보고 정말 기뻤습니다. 교회 성장은 건물의 크기나 신자 수의 확장이 아니라 이 땅을 향한 하나님의 계획이요 우리의 사명입니다. 우리가 더는 교회 성장을 기대할 수 없는 시대에 산다는 말은 사탄이 가장 좋아하는 말입니다. 교회는 성장하기 위해 존재하고, 하나님은 교회를 통해 이 땅을 회복하십니다. 교회 성장은 우리의 사명인 동시에 교회가 가야 할 미래인 동시에 목표입니다. 이 책을 통해 교회 성장에 관한 생각과 기준 그리고 성경적 비전을 발견하고 왜곡된 양적 성장과 비즈니스적인 목표가 아닌, 땅끝까지 이르러 내 증인이 되라고 하신 예수 그리스도의 대위임령을 회복하는 계기가 되기를 기대합니다.

추천사 2

이 기 용 목사
신길성결교회 담임

　한국 교회가 어려워지면서 교회 성장에 대한 부정적인 인식이 빠르게 확산하고 있습니다. 여러 가지 원인이 있을 수 있지만, 가장 큰 원인은 교회 성장에 관한 목회자들의 잘못된 인식이라고 생각합니다. 자신의 목회 성공을 위한 이기적이고 비성경적인 방식의 교회 성장은 분명히 잘못된 것입니다. 하나님께서는 집을 떠난 탕자를 기다리듯이, 잃은 동전과 양을 찾듯이 잃은 영혼들을 도로 되찾기를 간절히 원하고 계십니다. 그러므로 아직까지 예수 그리스도를 모르는 사람들에게 복음을 전해 하나님의 자녀, 하나님의 백성이 되도록 하는 일이야말로 교회와 그리스도인들의 일차적인 사명이며, 이런 일이 일어나는 만큼 교회는 자연스럽게 성장하게 됩니다.
　저는 침체된 한국 교회에 성경적인 교회 성장이 다시 뜨겁게 일어나기를 간절히 소원하고 있습니다. 본서는 이런 일이 일어나는 데 중요한 불쏘시개 역할을 할 수 있는 책입니다. 본서에서 맥가브란과 윈 안은 교회 성장의 성경적인 개념이 무엇인지, 교회 성장을 위해서 어떤 전략과 방법을 사용해야 하는지, 그 일을 이루는 데 장애물은 무엇이며 어떻게 극복할 수 있는지에 관해서 자세히 설명하고 있습니다. 맥가브란은 성경적인 교회 성장을 위해서 무엇보다도 복음에 충실할 것과, 탁월한 평신도들을 육성할 것과, 교회 개척에 힘쓸 것과, 성육신적 관점에서 세상과 지역 사회 문화에 적합한 수단과 방법을 강구할 것을 가르쳐주고 있습니다. 저는 이런 점들이 본서에서 읽어내야 할 중요한 핵심이라고 생각합니다.

이 책은 전 세계에 18만 권 이상 팔릴 정도로 많은 그리스도인과 교회에 영향을 끼친 책입니다. 이 책이 왜 이제야 번역, 출판되는지 의아스럽습니다. 많은 목회자, 신학생, 평신도들이 이 책을 읽고 올바른 교회 성장에 관한 이해를 얻고, 성경적인 교회 성장에 관한 비전을 품을 수 있기를 기대합니다. 번역에 수고하신 최동규 박사님에게 감사를 드리며, 요즘 말로 일독을 '강추'합니다.

추천사 3

박 보 경 박사
장로회신학대학교 선교학 교수

맥가브란과 윈 안의 책, *How to Grow Your Church*가 마침내 한국어로 번역이 되어 너무나도 기쁩니다. 그동안 번역된 맥가브란의 책들이 광범위한 세계 선교 현장을 배경으로 하고 있기에 지역 교회 목회자들이 읽고 적용하기에는 어려운 점이 있었습니다. 20세기 복음주의 선교학계의 거장 도날드 맥가브란은 너무나도 자주, 그리고 많이 오해되어 왔습니다. 사실 맥가브란은 거시적인 선교 현장에서의 교회 성장만을 말하지 않았습니다. 그는 지역 교회가 교회 성장에 대해 어떻게 접근해야 하는지에 관해서도 매우 친절하고 구체적으로 제시했습니다. 본서가 바로 그런 목적으로 쓰인 책입니다. 이 책에서는 피터 와그너에 의해 가려진, 지역 교회의 성장에 관해 맥가브란이 제시한 구체적인 지침들을 만날 수 있습니다.

이 책은 특히 맥가브란과 제자 윈 안의 대화 형식을 취하고 있습니다. 그래서 누구나 쉽게 읽을 수 있습니다. 이 책의 또 다른 특징은 지역 교회의 성장에 대한 맥가브란의 낙관론을 책 전반에서 찾을 수 있다는 점입니다. 그는 지역 교회의 건강한 성장이야말로 세계 복음화를 위한 하나님의 비전에 참여하는 것이라고 주장합니다. 바로 이런 점이 이 책이 21세기를 살아가는 우리에게도 유용한 이유입니다.

세계 선교에 대한 회의감으로 위축되었을 때 지역 교회의 성장에서 하나님의 선교(*missio Dei*)의 희망을 찾았듯이, 코로나 팬데믹으로 인해 많은 교회가 절망하고 있는 오늘의 시대에 이 책은 지역 교회의 건강한 성장을 꿈꾸는 목회자들에게 희망을 북돋아 줄 것입니다. 한 가지, 이 책을 읽을 때 맥가브란의 신학적 토대를 이해하지 못한 채 그저 피상적인 방법론으로만 적용하려는 유혹을 지양해야 한다는 점을 언급하고 싶습니다. 이 책과 함께 그의 가장 대표적인 저서 『교회 성장 이해』(제3판, 대한기독교서회)를 함께 읽을 것을 권합니다. 두 책을 함께 읽을 때, 21세기 팬데믹 시대를 살아가는 우리들에게 맥가브란의 비전, 즉 지역 교회의 탄생과 성장을 통한 세계 복음화의 비전을 새롭게 배울 수 있을 것입니다.

추천사 4

허 준 박사
한국침례신학대학교 전도학 & 교회성장학 교수

　교회성장학자요 복음 전도자로서 도널드 맥가브란과 윈 안이 오랫동안 강단에서 연구하고 가르친 내용을, 교회와 교단 현장의 다양한 사역 경험에서 나온 실제적인 예화들과 함께 집약적으로 설명한 좋은 책이 한국어로 번역되어 출판된 것을 기쁘게 생각합니다.
　도널드 맥가브란은 교회성장학의 창시자로서 강의 및 저서를 통해 우리에게 널리 알려져 있으며, 윈 안은 그의 제자이면서 동료로서 맥가브란의 교회성장학을 세상에 널리 알리는 데 기여한 인물입니다. 맥가브란과 윈 안의 대화 형식으로 구성한 본서는 교회 성장 원리에 관한 성경적 답변을 찾도록 도우며, 복음 전도 사역을 실천하기 위한 훈련 방법과 전략을 효과적으로 설명하고 있습니다. 저자들은 본서를 통해 신약 시대의 교회 성장 원리들과 복음 전도 사역과 연관된 이론적인 기초와 실제적인 방법을 균형 있게 다루고 있으며, 전도를 통한 교회 성장의 명확한 의미를 전달하고 있습니다.
　본서가 신학생들과 목회자 그리고 모든 그리스도인에게 널리 읽히고 사용되어 소중한 영적 자원이 되기를 기도합니다. 또한 날이 갈수록 교회 성장의 장애물이 증가하고 있는 현실에서 본서가 교회 성장에 대한 새로운 도전과 희망을 발견하는 촉매제와 같은 역할을 감당할 것을 기대하며, 이 책을 적극 추천하는 바입니다.

맥가브란의 교회 성장 원리

How to Grow Your Church: Conversations about Church Growth
Written by Donald McGavran & Win Arn
Translated by Dongkyu Choi
All rights reserved.
Korean Edition Copyright © 2022 by Christian Literature Center, Seoul, Korea.

맥가브란의 교회 성장 원리

2022년 3월 31일 초판 발행

지 은 이 | 도널드 맥가브란, 윈 안
옮 긴 이 | 최동규

편   집 | 정희연
디 자 인 | 김소영, 서민정
펴 낸 곳 | (사)기독교문서선교회
등   록 | 제16-25호(1980.1.18.)
주   소 | 서울특별시 서초구 방배로 68
전   화 | 02-586-8761~3(본사) 031-942-8761(영업부)
팩   스 | 02-523-0131(본사) 031-942-8763(영업부)
이 메 일 | clckor@gmail.com
홈페이지 | www.clcbook.com
송금계좌 | 기업은행 073-000308-04-020 (사)기독교문서선교회
일련번호 | 2022-27

ISBN 978-89-341-2407-8 (93230)

이 한국어판 저작권은 (사)기독교문서선교회가 소유합니다. 신저작권법에 의하여
한국 내에서 보호를 받는 저작물이므로 무단 전재와 무단 복제를 금합니다.

맥가브란의 교회 성장 원리

도널드 맥가브란 · 윈 안 지음

최동규 옮김

전 세계에서
18만 부 이상 팔린
교회 성장 핸드북

CLC

일러두기

이 책에서 '맥가브란'은 '**맥**'으로 '원 안'은 '**안**'으로 표기함.

차례

추천사 1　**김인중 목사** 안산동산교회 원로 / 1
추천사 2　**이기용 목사** 신길성결교회 담임 / 3
추천사 3　**박보경 박사** 장로회신학대학교 선교학 교수 / 5
추천사 4　**허　준 박사** 한국침례신학대학교 전도학&교회성장학 교수 / 7
서문 / 14
역자 서문 / 16

1장　성장 가능성 / 20

2장　신약성경의 성장하는 교회들 / 37

3장　반응성의 발견 / 64

4장　교회 성장의 측정 / 84

5장　교회 성장을 위한 리더십 / 103

6장　성장하는 교회의 특징 / 125

7장　제일 교회 / 138

8장　새 교회 / 153

9장　변화에 직면한 교회 / 168

10장　교외 교회 / 183

11장　가라 그리고 성장하라 / 199

서문

빌리 그래함(Billy Graham) **목사**
빌리 그래함 복음주의협회 대표

   도널드 맥가브란은 오늘날 교회가 폭발적인 성장을 경험하는 새로운 시대의 문턱에 서 있다고 믿습니다. 그러나 그 새로운 시대가 실제로 올지는 그리스도인들이 복음 전도에 헌신하고 교회 성장의 성경적 원리를 따르려는 의지에 달려 있습니다. 나 역시 이 생각에 공감합니다.
   이 책은 단순하면서도 심원한 내용을 담고 있는, 매우 흥미진진한 책입니다. 저자들은 우리에게 하나님의 일이 하나님의 방식으로 이루어질 때 위대한 것을 기대하도록 도전합니다. 그들은 자기만족이야말로 전국적으로 교회들의 성장을 가로막는 가장 큰 적 중 하나라고 지적합니다. 그런 자기만족은 우리 주님의 명령에 어긋날 뿐만 아니라 우리 앞에 있는 엄청난 기회도 무시합니다. 아직도 수많은 사람이 복음을 접하지 않았지만, 그리스도인들이 그리스도의 복음을 알려준다면 많은 사람이 반응할 것입니다.
   맥가브란 박사와 안 박사는 지역 교회야말로 그리스도 안에서 이루어지는 하나님의 화해 사역의 핵심이라는 사실을 당연하게 생각합니다. 복음 전도는 교회로부터 시작되어야 하며, 새로운 그리스도인들을 교회로 연결해야 합니다. 이 책에서 특별히 도움이 되는 것은 교회의 직접적인 전도 활동의 효과를 평가하는 실제적인 방법에 대한 통찰입니다. 교회 성장의 성경적 원리에 관해서 그들이 파악한 것들은 매우 소중하며, 남녀 모든 사람의 영혼에 대한 그들의 부담은 우리 모두에게 다시 한번 건전하게 생각하고 헌신하도록 도전합니다.

이 책은 지난 10년 동안 교회를 위해 출간된 가장 의미 있는 책 가운데 하나라고 말할 수 있습니다. 이 책의 원리들이 적용된다면 그것들은 우리나라에 존재하는 수많은 교회와 평신도들의 사역과 전도 활동에 대변혁을 일으킬 것입니다. 하나님께서는 이 책의 초판에 큰 축복을 베풀어 주셨으며, 개인적으로 나는 하나님께서 많은 교회의 삶에서 그것을 사용하시는 것을 보았습니다. 아무쪼록 하나님께서 이 2판을 더 놀라운 방법으로 사용하여 어느 곳에서든지 그리스도인들의 마음에 강력한 영향을 끼치시기를 간절히 기도합니다.

역자 서문

최 동 규 박사
서울신학대학교 실천신학 교수

독자들의 양해를 구하며 나의 개인적인 이야기로부터 시작하고자 한다. 내가 교회성장학자의 길을 가게 된 것은 전적으로 목회적인 고민 때문이었다. 만 서른여섯에 담임목사직을 내려놓고 미국 유학길에 오를 때, 내게는 도무지 풀리지 않는 의문들이 있었다.

도대체 목회가 뭐지? 내가 세워야 할 교회는 무엇일까?
많은 목회자가 추구하는 교회 성장은 신학적으로 옳은 것인가?
어떤 사람들은 교회 성장을 추구하는 것 자체가 옳지 않다고 비판하는데, 정말 그런가?
그렇다면 왜 수많은 목회자가 그것을 원하는가?

이런 질문들을 하게 된 이유는 단지 내가 목회 경험이 부족하거나 목회를 위한 방법 또는 기술을 잘 몰라서가 아니었다. 전도사, 군목, 부목사, 담임목사 과정을 거치면서 나는 누구보다 열심히 목회를 배웠고, 다양한 방법과 기술을 익혔다. 행정, 프로그램 기획, 설교, 성경 공부, 찬양, 기도회 인도, 전도, 제자훈련, 소그룹 …. 남들이 보면 목회에 만

능인 것 같았다. 하지만 나의 내면에는 여전히 풀리지 않는 응어리가 있었다.

담임 목회를 하는 동안 교회는 안정적으로 성장했다. 새로운 신자들도 늘어나고 교인들도 만족하였다. 단기적으로 보면, 내가 가진 목회 기술들만 잘 활용해도 목회에 큰 지장이 없을 것 같았다. 하지만 결정적으로 나는 목회의 핵심을 알지 못했다. 돌이켜 보면, 평생 붙들고 가야 할 목회 철학이 내게 없었던 것이다. 이런 상태로는 평생 행복하게 목회하기 어렵다는 생각이 들었고, 결국 이 고민을 풀기 위해 유학을 결심하게 된 것이다.

나는 학교를 선택할 때, 호랑이를 잡으려면 호랑이굴로 들어가야 한다는 속담을 생각했다. 그래서 내가 선택한 학교는 소위 교회 성장의 본산이라고 하는 미국 풀러신학대학원(Fuller Theological Seminary)이었다. 1999년, 내가 풀러에 갔을 때 도널드 맥가브란은 이미 세상을 떠났고, 피터 와그너는 신사도 운동에 빠져 학교를 떠난 뒤였다. 박기호 교수를 비롯하여 에디 깁스, 찰스 밴 엥겐, 윌버트 쉥크 교수가 나의 멘토들이었다.

나는 그곳에서 목회가 무엇인지, 어떤 교회를 세워야 하는지 분명하게 알게 되었다. 그런데 그곳에서 배운 교회성장학은 내가 한국에서 보고 들었던 내용과는 크게 달랐다. 교회 성장은 철저하게 하나님 나라와 선교적 관점에서 교회를 세워나가는 과정이지 성공 철학에 의한 개 교회의 이기적인 양적 성장을 가리키는 것이 아니었다. 결국 목회 현장에서 한국 목회자들이 추구하는 교회 성장의 개념과 이론이 본래 교회성장학파에서 가르치는 내용과 매우 다르다는 것을 알게 되었다. 어쩌면 현재 한국 교회가 겪고 있는 침체와 위기가 그동안 오용되어온 잘못된 교회 성장 개념 때문일 수도 있다고 생각하게 되었다.

학위 과정을 끝내고 한국으로 돌아오면서 나는 한국 교회에 만연한 왜곡된 교회 성장 의식을 몰아내고, 성경적으로 올바르며 신학적으로 건전한 교회 성장을 확산하는 것을 나의 사명으로 삼았다. 그리고 그때부터 지금까지 교회성장학을 연구하고 발전시키는 노력을 해오고 있다. 이러한 나의 노력은 '선교적 교회 성장'이라는 개념으로 정리되었다. 이것은 최근에 활발하게 연구되고 있는 선교적 교회론을 교회 성장에 접목함으로써 선교적 교회로서 성장하는 것을 가리킨다.

그런데 학생들과 목회자들을 가르치면서 제대로 된 교과서나 지침서가 부족하다고 느낀 적이 많았다. 교회 성장의 원리와 방법을 대중화한 피터 와그너의 책이 많이 출판되었지만, 정작 교회 성장을 처음 주창하고 발전시킨, 소위 교회 성장 운동의 아버지로 불리는 도널드 맥가브란의 책은 충분하게 번역되어 있지 않았다. 교회 성장에 관한 제대로 된 사상을 배우기 위해서는 원조(元祖)의 글을 직접 읽는 것이 효과적이다. 그래서 나는 맥가브란의 생각을 정확히 이해할 수 있는 책으로 두 권을 선정하고 번역 작업에 착수하였다. 하나는 그의 필생의 역작인 *Understanding Church Growth* 제3판(1990년 출판)인데, 이미 한국에 1판과 2판 번역서가 나와 있었지만, 최종 완결판인 제3판이 번역되지 않아 교회성장학 저변 확대에 큰 차질을 빚고 있었다. 나는 다른 세 명의 학자들과 함께 이 책을 번역하여 『교회 성장 이해』(대한기독교서회, 2017)라는 제목으로 출판하였다.

다른 한 권은 1973년에 출판된 *How to Grow Your Church*인데, 지금 독자들이 읽고 있는 바로 이 책이다. 이 책은 도널드 맥가브란과 그의 제자이면서 동료인 윈 안이 교회 성장에 관한 핵심 주제들을 대화 형식으로 풀어나가는데, 그 당시 전 세계에서 18만 권 이상 팔릴 정도로 아주 인기가 높았다. 지금 생각해 보면, 그 당시에 이 책이 왜 한국에서 번역되지 않았는지 이해가 되지 않는다.

앞서 언급한 『교회 성장 이해』는 그야말로 교회성장학의 바이블과 같은 책으로서 매우 상징적인 의미가 있지만, 분량이 많고, 이론적이고, 선교지 사례를 주로 제시하고 있어서 지역 교회의 관점에서 교회 성장을 쉽게 설명하는 책이 필요했다. 내가 이 책을 번역하기로 한 이유가 여기에 있다. 이 책은 대화체 형식으로 되어 있으며, 원리만 나열하는 방식이 아니라 개별 지역 교회의 상황에서 파생될 수 있는 다양한 경우를 친절하게 설명하면서 매우 현장 중심적으로 전개하고 있기 때문에 신학생과 목회자 그리고 평신도들이 쉽게 읽을 수 있다.

나는 이 책을 통해서 교회 성장형 사고가 확산하기를 기대한다. 물론 맥가브란의 주장 중에는 세월이 많이 지나 비판받거나 수정되어야 할 내용이 있는 것도 사실이다. 하지만 교회 성장에 대한 선교적 사고와 기본적인 방법들은 오늘날에도 여전히 강력한 울림을 준다.

이 책은 코로나19가 한창 유행하던 시기에 번역되었다. 전염병은 온 사회를 공포로 몰아넣고, 모임에 기초한 공동체를 파괴하고 있으며, 비대면을 일상으로 만들어 버렸다. 많은 그리스도인이 1990년대 이후 지금까지도 어려웠는데, 코로나19 때문에 더 어려워졌다고 말한다. 한국 교회의 미래를 염려하는 사람이 많다. 코로나19 사태가 종식된 이후 많은 신자가 교회를 떠날 것이라는 예측도 있다. 하지만 나는 이런 부정적인 상황 속에서 하나님께서 주시는 새로운 희망을 보아야 한다고 생각한다. 전염병은 알곡과 가라지를 가를 것이다. 이를 계기로 우리는 새롭게 시작해야 한다. 어쩌면 이런 대격변의 시기에 무엇을 추구하고 어떻게 실천하느냐가 한국 교회의 미래를 결정짓는 열쇠가 될지도 모른다. 바로 그때 성경적 패러다임의 교회 성장이 곳곳에서 일어나게 해야 한다.

2022년 1월

1장
성장 가능성

안: 오늘날 교회 성장에 관한 관심이 높아지고 있습니다. 이것을 어떻게 설명하시겠습니까?

맥: 부분적으로는 많은 개별 교회와 교단이 성장하고 있다는 사실로 설명할 수 있을 것입니다. 이것을 본 다른 교회와 교단들이 "이런 성장이 우리에게도 일어날 수 있다."라고 말합니다. 게다가 교회가 무자비하게 공격당하고 거의 모든 것에 대해서 비난을 받는 시기가 끝나가고 있습니다. 사람들은 다른 삶의 방식들이 부적절하다는 것을 깨닫고 있습니다. 그들은 유일한 길이신 그리스도에게로 돌아서고 있으며 교회가 성장해야만 한다는 것을 실감하고 있습니다. 만일 인간의 근본 문제들이 해결되고 기본적으로 필요한 것들이 충족되어야 한다면, 교회는 가능성을 보고, 기회를 잡고, 이 땅 곳곳에 교회를 증식하는 거대한 과업을 수행해야 합니다.

안: 새로운 정신이 오늘날 교회의 여러 영역에 스며들고 있습니다. 박사님은 우리가 부정적인 태도의 시대를 지나 긍정적인 태도와 성장의 가능성으로 이동해 가고 있다고 느끼십니까?

맥: 그렇습니다. 저는 우리가 비관적인 전후(戰後) 시대를 지나 좀 더 행복하고 정직한 시대로 나아가고 있다고 생각합니다. 우리는 예수 그리스도의 교회가 불완전하지만, 그것이야말로 좋은 이웃, 좋은 도시, 좋은 문명을 창조하는 데 가장 효과적인 요소라는 점을 깨달아 가고 있습니다.

안: 그렇다면 우리 앞에 있는 교회 성장의 가능성은 무엇입니까?

맥: 우리는 파도와 같이 일어나고 있는 거대한 성장의 가장자리에 서 있습니다. 저는 지금 교회 안에서 볼 수 있는 개선된 영적 조건에 관해 말하는 것이 아니라-그것도 앞으로 일어날 것이지만-사람들에게 적극적으로 복음을 전하고 그들을 예수 그리스도에게로 이끌어 그리스도인들로 구성된 셀 그룹을 증식하는 것에 관해 말하고 있습니다.

안: 박사님은 지금, 만일 어느 지역 사회든지 생명력 있는 교회가 존재하고, 또한 그 지역에 비그리스도인들이 존재한다면 바로 거기에 성장의 가능성이 있다고 말씀하시는 거죠?

맥: 그렇습니다. 하지만 어떤 분은 이렇게 말할 것입니다. "잠깐만요. 이 사람들은 교회에 대해서 전혀 무관심한 사람들인데요." 제 대답은 이렇습니다. **그들이** 무관심한 게 아니라 **우리가** 무관심한 것일 수도 있다는 겁니다. 만일 우리가 그들이 교회에 흥미를 느끼지 않을 거라고 믿는다면, 아마도 그것은 그들이 **우리에게** 관심이 없다는 뜻일 겁니다! 그러나 그들은 기본적으로 수용적인 사람들입니다. 저는 세계 곳곳에서 일어난 교회 성장을 연구하면서 이 사실을 거듭 확인할 수 있었습니다. 새 교회, 새 교단, 새 교회, 심지어

교회에 새로 들어온 사람들은 오래된 집단에서 발견할 수 없는 반응성(responsiveness)을 가지고 있었습니다. 저는 그들에게 언제나 반응성이 있었다고 확신합니다.

안: 세계적인 차원에서는 그렇군요. 그렇다면 미국에서의 반응성은 어떻습니까?

맥: 미국의 환경도 근본적으로 반응적입니다. 이 나라에는 러시아, 아라비아와 다른 나라들에서처럼 기독교 신앙에 대한 어떤 조직적이고 강경한 적대행위가 없습니다. 여기에서는 대체로 그리스도인이 되는 것을 좋게 생각하는 편이지요. 제가 볼 때 미국에서는 지속적인 반응성을 기대할 수 있습니다.

안: 제대로 이해한다면 반응성이 성장을 의미한다고도 볼 수 있겠군요.

맥: 만일 잘 돌볼 수만 있다면 반응성은 성장을 의미합니다. **만일 비옥한 땅을 경작하고, 씨앗을 뿌리고, 김을 매고, 곡식을 거둬들인다면, 풍성한 추수를 기대할 수 있습니다!**

가능성 찾기

안: 만일 우리가 그 가능성을 바라보고 뭔가를 하기로 한다면 우리 주변에서 그 가능성을 찾을 수 있지 않을까요?

맥: 그렇습니다. 평균적인 미국 도시에서 교회 성장의 가능성은 엄청납

니다. 그런 도시에는 복음을 전혀 접해 보지 못한 사람이 많이 있습니다. 복음이 절실하게 필요한 사람들도 많습니다. 그들은 외로운 사람들입니다. 그들은 주님을 알지 못하기 때문에 황폐한 삶을 살고 있습니다. 대부분 지역에서 교회 성장의 잠재적 가능성은 놀라울 정도입니다.

안: 제가 성장하지 않고 있는 어느 한 교회의 목회자라고 가정해 보지요. 과연 제게 희망이 있을까요? 제 교회는 성장할 수 있습니까?

맥: 그 대답은 틀림없이 긍정적일 것입니다. 당연히 가능합니다! 기회가 있습니다. 물론 어려움도 있을 것이고요. 그러나 성장의 가능성이 작지 않습니다.

안: 박사님은 지금, 만일 성장하려는 의지가 있고, 필요한 사람들에게 복음을 전하면 어느 교회든지 성장할 수 있다고 말씀하시는 건가요?

맥: 만일 교회가 필요한 사람들에게 하나님의 능력에 관한 복음을 전하고 있다면, 만일 교회가 교회 성장에 **관심**이 있다면, 만일 교회가 교회 성장을 위해 **기도**하고 있다면, 만일 교회가 교인들을 그 교회의 성장에 **참여**시킬 수 있다면, 성장하지 않을 이유가 없습니다. 알다시피 **하나님**께서는 당신의 잃은 자녀들을 **다시 찾기를** 원하십니다.

안: 하지만 가장 먼저 해야 할 일은 가능성을 찾는 것이겠지요.

> 교회 성장을 위해 가장 먼저 해야 할 일은 가능성을 찾는 것이다.

맥: 맞습니다. 가능성! 먼저 가능성을 찾고 그 가능성을 믿어야 합니다.

교회 성장의 어려움 또는 교회가 성장하지 않는 이유는 부분적으로 너무나 많은 그리스도인이 성장하지 않는 것을 당연하게 받아들이는 데 있습니다. 그들은 스스로 성장은 절대로 불가능하다고 결론짓습니다. 그러니까 그것을 위해 수고할 이유가 없다고 생각하는 거지요. 일단 그런 상태가 되면 성장 가능성이 없습니다.

장애물

안: 그렇다면, 그런 가능성이 있는데도 왜 그렇게 많은 사람과 많은 교회가 그 가능성을 보지 못하고 그것에 관해 아무것도 하지 못할까요?

맥: 너무나 많은 그리스도인이 그들의 교회에 길들어 있고 거기에만 마음을 빼앗기고 있습니다. 그들은 자신의 교회를 좋아합니다. 그것은 아주 자연스러운 현상입니다. 그래야만 하는 거지요. 하지만 안타깝게도 그러는 동안 교회 밖의 사람들은 여전히 관심을 받지 못하는 **외부인**(outsiders)으로 남아 있게 되는 겁니다. 교회가 자기 교인들에게만 관심을 기울이면 교회 밖의 비그리스도인들에게 복음을 전할 방법이 없습니다. 그런 교회는 자기들만의 언어, 문화, 교육 수준, 재산, 주거를 형성함으로써 외부와 단절된 폐쇄적인 집단이 되고 맙니다. 그 지역의 다른 주민들에게로 건너갈 수 있는 다리들이 건설되지 않은 겁니다. 그 다리들을 통해서 갈 때 교회 성장이 일어날 수 있는데 말입니다.

안: 하지만 다리를 건설하면 되지 않을까요? 구체적으로 말하자면, 교인들이 서로 마음을 열고 교회가 외부에 있는 사람들과 관계를 맺는 거지요. 교회 성장에 이르게 할 방법으로 말입니다.

맥: 맞습니다. 하지만 그 일을 시작하기 전에 먼저 장애물을 제거해야 합니다.

안: 이를테면 이런 생각들을 말하는 거지요? "하지만 우리 교회는 이미 충분히 큽니다." "성장하면 비용이 많이 듭니다." "우리는 현재 상태를 좋아합니다." "우리가 왜 성장해야 합니까?"

맥: 그런 말에는 공통으로, 성장하지 않는 이유가 있습니다. 그리스도인들은 종종 교회가 자신의 유익을 위해서만 존재한다고 생각합니다. 그러나 그것은 성경이 가르치는 것이 아닙니다. 교회는 하나님께 영광을 돌리기 위해 존재합니다. 교회는 그리스도의 복음을 전파하기 위해 존재합니다. 교회는 잃은 자들을 구원하기 위해 존재합니다. 교회가 성경적 기초로 돌아가 하나님께서 보는 것처럼 이런 것들을 볼 때 교회 성장을 가능하게 하는 신학적 기반을 구축할 수 있습니다.

안: 신학적 기초에 대해서 말하면, 많은 미국인이 이렇게 말합니다. "글쎄요. 교회 성장에 관해서 말하는 것은 좋습니다. 하지만 사실 그것은 하나님의 손에 달린 일이지요. 우리는 거의 또는 전혀 그것과 관련이 없습니다."

맥: 예수님께서는 모든 것을 열두 사도의 손에 맡기고 떠나셨습니다. 만일 그들이 아무것도 하지 않았다면 오순절 사건은 절대로 일어나지 않았을 것이고, 바울도 선교여행을 떠나지 않았을 것이고, 교회 역시 절대로 성장하지 않았을 것입니다. 초기 그리스도인들은 그리스도와 그분이 세우신 교회의 사역에 매우 적극적으로 참여했습니다. 그들은 기꺼이 희생하고자 했고, 기꺼이 대가를 치르고자

했습니다.

안: 박사님은 지금 성장하지 않는 현상에 대한 변명을 정당화할 신학적 근거는 전혀 없다고 확신하고 있는 거지요?

맥: 그런 신학적 논거는 있을 수 없습니다. 그런데 실제로는 그런 내용을 옹호하는 신학적 주장이 많습니다. 그것들은 대부분 방어적 사고와 실패에 대한 합리화에 불과합니다. 집사, 장로, 설교자들은 종종 실패가 신학적 용어로 합리화될 수 있음을 인식할 필요가 있습니다.

안: 교회 성장에 관해서 생각할 때 우리가 해야 할 첫 번째 일 가운데 하나는, 성장하지 않는 현상에 대한 대부분의 논거가 합리화에 불과하거나 쉬운 말로 하자면 변명에 불과하다는 점을 인식하는 것이란 말씀이군요.

맥: 그렇습니다. 만일 누구라도 자신의 교회와 다른 교회들이 합리화에 익숙해 있다는 사실을 곰곰이 생각해 본다면 매우 큰 도움이 될 것입니다. 기본적으로 교회에는 좋은 그리스도인들로 가득 차 있습니다. 따라서 만일 그들이 자신들이 행하는 합리화의 문제를 깨닫게 된다면 절대 그런 일을 하지 않을 것입니다. 제 경험상, 성장하지 않는 것에 대한 변명을 지적하면 사람들은 자신의 어리석음을 한탄하면서 장애물을 제거합니다. 그럴 때 그들은 진정한 가능성을 제대로 보게 됩니다.

안: 교회가 성장하지 않는 다른 이유는 무엇입니까?

맥: 때때로 무관심과 죄가 교회를 망치기도 합니다. 이런 것들을 제거하고, 고백하고, 추방하기 전에는 교회 성장이 별로 일어나지 않을 것입니다. 때때로 교회가 적절하지 않은 곳에 있을 때 성장이 잘 일어나지 않을 수 있습니다. 드물기는 하지만, 적절하지 않은 방법 때문에 성장하지 않는 예도 있습니다. 하지만 이런 것들과 또 다른 교회 성장의 장애물들은 얼마든지 인식되고 해결될 수 있습니다.

안: 성장이 지체되는 경우에도 교회 안에 있는 죄와 세속성이 문제가 될 수 있다는 거지요?

맥: 그렇습니다. 하나님의 일이 하나님의 방식으로 수행되지 않는 한 성장은 일어나지 않을 것입니다.

안: 적절하지 않은 장소란 무슨 뜻입니까?

맥: 만일 어떤 교회가 눈에 띄는 장소에 있다면 빠르게 성장할 것입니다. 그러나 장소가 변명거리가 되어서는 안 됩니다. 좋지 않은 장소에 있을지라도 얼마든지 **상당한** 성장을 경험할 수 있기 때문입니다.

안: 적절하지 않은 방법은 무슨 뜻입니까?

맥: 많은 교회가 열심히 사역을 펼치고 있습니다만, 그 방식이 잘못된 까닭에 성장을 경험하지 못하는 경우가 많습니다.

안: 중요한 것은 얼마나 자주 도끼질을 하느냐의 문제가 아니라 얼마나 높이 장작더미를 쌓아 올리느냐의 문제인 셈이군요.

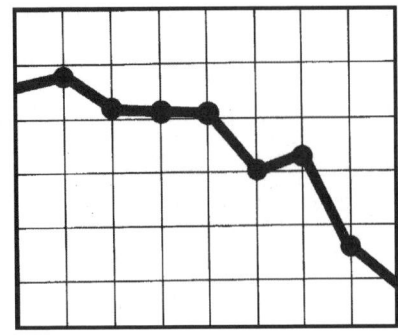

성장을 방해하는 세 가지 원인

1. 교회 안의 죄와 세속성
2. 비 반응적인 지역 주민
3. 적절하지 않은 방법

교회 성장형 사고(思考)

맥: 이 책을 통해서 우리는 교회 성장에 필요한 요소들을 다루고자 합니다. 만일 그 요소들을 무시하면 교회는 피해를 보거나 정체되거나 교회 성장에 방해를 받게 될 것입니다. 성장이 우리의 생각에 들어오지 않을 때가 자주 있습니다. 우리는 우리 교회의 크기를 모릅니다. 지난 이십 년 동안 매년 얼마나 성장했는지 모릅니다. 가능성을 보지 못합니다. 우리는 안개 속에서 움직이고 있습니다. 그 안개는 제거되어야 합니다.

안: 안개 대부분은 우리의 태도와 관련이 있습니다. 저는 태도가 교회 성장의 중요한 요소라는 사실을 발견했습니다. 50개 교회를 컴퓨터로 분석한 결과 교회 성장과 교인들의 태도 사이에 뚜렷한 관계가 있음을 발견했습니다. 성장하는 교회의 교인들은 그들의 교회, 프로그램, 선교 활동, 사역에 관해서 평균적인 교회보다 더 긍정적인 태도를 보였습니다. 대조적으로, 쇠퇴하는 교회의 교인들은 기준치보다 훨씬 낮은 태도를 보였습니다. 컴퓨터 분석을 통해 밝혀진 자료에서 알 수 있듯이 교회와 프로그램에 대한 태도는 성장과 직접

연관된 것으로 보입니다. 그러므로 가능성을 발견하는 것, 다시 말해서 성장을 그리스도인의 태도와 생활양식으로 삼는 것이 매우 중요합니다.

맥: 성장하지 않는 교회들-그들은 다수입니다-은 가능성에 눈을 뜨고, 성경의 초점이 잃은 자들을 찾는 데 있음을 알아야 합니다. 성경적 확신은 신자들이 교회의 성장을 위해 일하도록 지시하고 있습니다. 저는 지금껏 교회들이 막연한 방식으로 성장을 원하고, 희망하고, 그것을 위해 기도했지만, 이제는 오직 옳은 것을 행할 때만 성장할 수 있다는 사실을 깨달아야 한다고 생각합니다. 교회는 언제나 지역 사회 안에 존재하기 때문에 만일 어떤 교회가 옳은 것을 행하려고 마음을 먹는다면, 그것은 그 교회가 멋진 성장을 경험할 수 있는 출발점에 섰음을 뜻하는 것입니다.

안: 옳은 것이라고 말씀하셨는데, 무엇을 의미합니까?

맥: 그것은 부분적으로 방법을 가리킵니다. 또 그것은 부분적으로 태도, 신학적 입장, 기도를 가리킬 수도 있습니다. 하지만 대체로 그것은 하나님께서 교회들이 성장하기를 원하신다는 것을 인식하는 것을 뜻합니다. 교회가 성장을 위해 만들어졌다는 것, 교회가 성장하고, 증가하고, 사람들을 구원의 지식으로 인도하는 것이 정상적이라는 뜻입니다.

안: 그렇다면 성장하지 않는 교회는 그리스도의 명령을 효과적으로 수행하고 있지 않다고 말할 수도 있겠군요.

교회 성장과 관련된 50개 교회의 태도(컴퓨터 분석 자료)					
교회 프로그램에 대한 태도	50개 교회 평균	A 교회	B 교회	C 교회
1. 현재 교회 활동은 당신에게	%	%	%	%
(a) 부담스럽다	2	3	3	-
(b) 마땅히 해야 할 의무다	6	8	3	1
(c) 약간의 만족을 준다	31	26	20	18
(d) 큰 만족을 준다	61	55	65	74
2. 교회 교육에 대해 어떻게 느끼십니까?				
(a) 전혀 만족스럽지 않다(비효과적이다)	5	3	3	-
(b) 약간 만족스럽다	10	12	11	-
(c) 어느 정도 만족하는 편이다	48	52	49	44
(d) 매우 만족스럽다(효과적이다)	37	23	28	44
3. 당신의 교회 예배는?				
(a) 따분하고 지루하다	4	7	-	-
(b) 틀에 박힌 방식이다	15	21	12	-
(c) 대부분의 교회가 하는 방식이다	17	12	32	7
(d) 역동적이고 은혜롭다	64	48	48	88
4. 당신의 교회의 발전 가능성은?				
(a) 전혀 없다	3	3	1	-
(b) 아주 적다	10	15	10	5
(c) 그런대로 있다	29	47	53	-
(d) 매우 많다	58	30	32	91
5. 당신의 교회가 시행하는 프로그램들은?				
(a) 전혀 효과적이지 않다	3	3	-	-
(b) 효과가 미미하다	19	38	19	5
(c) 그런대로 효과가 있다	49	47	65	44
(d) 매우 효과적이다	29	7	14	41

6. 당신의 교회에서 더 강조되어야 할 영역은 무엇입니까?				
(a) 성경 공부(기독교 교육)	45	40	48	28
(b) 전도	27	24	17	26
(c) 선교(국내 선교와 해외 선교)	8	2	10	7
(d) 사회 봉사와 사회 참여	20	8	15	15

*질문에 응답하지 않은 교인들도 있기 때문에 각 항목의 합산 비율은 100%가 아니다.

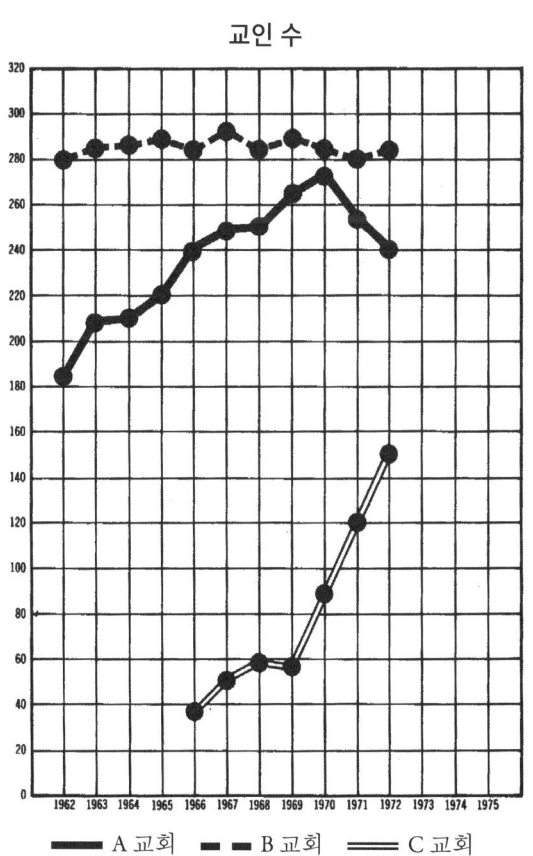

교인 수

━━ A 교회   ■ ■ B 교회   ══ C 교회

맥: 맞습니다. 저에게 루터교인 친구가 하나 있는데, 그는 교회가 성장하지 않는 것은 일종의 질병이라고 말합니다. 다행스럽게도 그 질병은 치료될 수 있습니다. 성장하지 않는 것은 하나의 질병으로 인식되어야 하고, 치료되어야 합니다. 우리는 자신의 교회가 성장하지 않을 때, 그것이 정상이고 하나님께서 우리에 대해서 여전히 기뻐하실 거라고 믿어서는 안 됩니다. 그것은 잘못된 생각입니다!

교회 성장은 누구의 책임인가?

안: 교회에서 성장에 관심을 가져야 할 사람은 누구입니까?

맥: 모두가 관심을 가져야 합니다. 성장하지 않는 교회를 보면 일반적으로 성장에 대한 책임을 전적으로 한 사람이 지고 있습니다. 대체로 목회자인 경우가 많습니다. 반면에 성장하는 교회는 모든 교인이 성장을 위해 노력합니다. 모든 교인이 복음 전파에 관심이 있지요. 모든 교인이 장애물을 제거하려고 노력하고, 교회의 성장에 관해 가능한 한 많이 배우고, 당회나 직원회가 교회 성장을 위한 계획을 세우는 데 상당한 시간을 사용하는 곳에서 교회 성장이 일어납니다.

> 교회 성장의 책임은 담임 목사에게만 있는 것이 아니라 모든 교인에게 있다.

안: 저는 당회에서 교회 성장에 관한 주제를 놓고 논의해 본 기억이 거의 없습니다. 이런 제 경험이 흔한가요?

맥: 매우 흔합니다. 하지만 그러면 안 됩니다. 모든 당회는 교회의 성장을 논의하기 위해 일정한 시간을 할애해야 합니다. 매년 몇 시간을

할애하든지 매달 몇 시간을 할애하든지 말입니다. 교회 성장을 **계획**하고, **기도**하고, **측정**하고, 성장이 일어날 수 있는 곳에서 노력하는 것이야말로 당회의 주요 관심사가 되어야 할 것입니다.

안: 얼마나 많은 당회가 성장을 교회의 주요 관심사로 인식하는지 궁금합니다.

맥: 안타깝게도 그렇게 하지 않는 교회가 정말 많습니다. 선교사로서 저는 한때 우리의 선교행정위원회가 인도 교회의 성장에 관해 이야기하면서 보낸 시간이 얼마나 되는지 생각해 본 적이 있습니다. 인도 선교부가 바로 그 인도 교회를 위해 거기에 존재하고 있는 것 아닙니까? 25년을 돌아보았을 때 저는 애석하게도 우리가 교회 성장에 그다지 많은 시간을 들이지 않았다는 점을 인정하지 않을 수 없습니다.

안: 제 경험과 비슷하군요. 하지만 저는 선교 현장에서가 아니라 여기 미국에 있는 교회에서 그런 경험을 했습니다. 제 교회의 당회는 사역의 여러 측면을 논의했지만, 성장에 관해서는 거의 논의하지 않았습니다. 하지만 그런 논의야말로 하나님께서 우리에게 원하시는 것 중에서 가장 핵심적입니다. 당회의 구성원으로서 저는 동료들 앞에서 성장에 관한 안건을 주장하지 않음으로써 제가 어떻게 실패했는지 깨달았습니다.

맥: 당회는 성장에 관한 많은 측면 중에서 일부를 모든 회의의 안건으로 삼아야 합니다. 왜냐하면 많은 사람이 구주 없이 살다가 죽는 한, 성장은 교회가 존재하는 목적이기 때문입니다. 만일 교회가 그들을 그리스도에게로 인도하지 않는다면, 그 교회는 비참함 속에 놓인

사람들을 배반하는 것입니다. 너무도 많은 사람이 아직 예수님 없이 자신의 삶을 파멸시키며 살고 있습니다. 너무도 많은 사람! 너무도 많은 사람이 말입니다!

기회

안: 교회를 다니지 않는 사람들, 다시 말해서 잃은 사람들 자체가 성장 가능성을 의미하지 않습니까? 이 점에 대해서 어떻게 설명하시겠습니까?

맥: 캘리포니아 남부에 좋은 사례가 있습니다. 1937년까지 캘리포니아는 북침례교(Northern Baptists)-지금은 미국침례교(American Baptists)라고 부릅니다- 지역으로 간주되었습니다. 그 당시 남침례교(Southern Baptists)는 그곳에 적극적으로 교회를 개척하지 않았습니다. 그런데 1937년, 남침례교는 그 지역에 예수를 믿지 않는 사람들이 많이 있다는 사실과 그곳에서 북침례교가 그들의 필요를 제대로 채워주지 못하고 있음을 알고 적극적으로 그 지역에 들어갔습니다. 그 당시 캘리포니아에는 남침례교회가 단 12개에 불과했습니다. 그런데 그 교회가 오늘날에는 얼마나 많아졌다고 생각하십니까?

안: 가능성을 발견하고 행동하면 좋은 결과가 오는 법이지요. 오늘날에는 캘리포니아에 남침례교회가 얼마나 있습니까?

맥: 992개나 됩니다! 35년 동안 그들은 12 교회에서 거의 1,000 교회로 성장했습니다. 아마 지금은 그 이상일 겁니다. 물론 그들은 그곳에서 복음의 밭을 경작해야만 했습니다. 기도하고, 활동하고, 재정

을 지출하고, 전도자들을 임명하고, 평신도들이 움직이도록 자극하는 등 온갖 일을 해야 했습니다. 그런데 **기회**는 바로 그곳에 있었습니다! 이것이야말로 제가 무엇보다 강조하고 싶은 것입니다. 우리는 매우 비옥한 땅 한가운데에 살고 있습니다. 하지만 아무리 비옥한 땅일지라도 곡물을 생산하려면 먼저 쟁기질하고, 씨를 뿌리고, 돌봐야 합니다. 미국은 정말 복음에 대한 반응이 좋은 곳입니다. 기본적으로 수용성이 높습니다. 교회들을 개척할 기회는 정말 많습니다. 이 사실이 널리 인식되어야 합니다.

안: 오늘날 성장의 기회가 수십 년 전보다 더 많다고 생각하십니까?

맥: 훨씬 더 많습니다! 현재의 미국은 조지 워싱턴이 살던 시대보다 훨씬 더 복음의 수용력이 큽니다. 예를 들어 오늘날에는 복음을 받아들일 만한 사람들이 과거 새 금광지로 쇄도하던 골드러시(gold rush) 때보다 더 많습니다. 이렇게 말하는 것은 단순히 사람들이 더 많아졌기 때문이 아닙니다. 물론 사람들이 더 많아진 것은 사실입니다. 하지만 교회는 그보다 더 강해졌습니다. 헌신적인 여성, 훌륭한 그리스도인 남성 그리고 성경을 생생하게 만드는 수많은 현대 번역본이 전보다 더 많아졌습니다. 사람들이 그리스도인이 되고자 하는 마음도 전보다 더 강해졌습니다.

> 교회 성장의 가능성은 우리 사회에 믿지 않는 사람들이 있는 정도에 비례한다.

안: 그렇다면, 이제 이 모든 것을 종합해 볼 때 오늘날은 역사에서 유례를 찾아보기 힘들 정도로 기회의 시대라고 말할 수 있겠습니다. 만일 우리가 이 기회를 볼 수 있다면 장래는 밝을 것입니다.

맥: 그렇습니다. 하지만 한 가지 조심해야 할 게 있습니다. 교회 성장은 복합적입니다. 절대로 단순하지 않습니다. 거기에는 합리적 행동을 위한 원리들이 있습니다. 우리가 앞으로 토론하면서 그 주제를 다루게 될 텐데, 여러 가지 다른 각도에서 그것을 살펴보면서 계속 숙고하게 될 것입니다. 우리는 교회 성장의 여러 가지 형태와 전략과 방법을 토론하고자 합니다. 또한 교회 성장과 관련된 성경적 확신을 살펴볼 것입니다. 저는 이렇게 함으로써 교회 성장의 가능성이 우리 앞에 열리기를 희망합니다. 교회 성장이 복합적이지만 만일 어느 교회든지 교회 성장에 관해 연구하고, 그것에 관해 읽고 말하고 기도한다면, 그 교회는 반드시 성장할 것입니다.

2장
신약성경의 성장하는 교회들

안: 우리가 지금 교회 성장에 관해 이야기를 나누고 있는데, 초대 교회로부터 시작하는 것보다 더 나은 방법이 어디 있겠습니까? 그런데 박사님은 정말 신약성경이 교회 성장의 방법과 이유를 이해하는 데 도움이 된다고 생각하십니까?

맥: 예, 그렇습니다. 신약성경은 굉장한 교회 성장에 관해서 말하고 있고, 그것을 증명하고 있습니다. 사실 교회는 지속적으로 일어난 폭발적인 회심을 통해서 탄생했습니다. 오순절이 이르기 전에 120명의 제자가 한 다락방에 모였습니다. 그리고 오순절 날 3,000명이 주님께로 돌아왔습니다. 저는 경험이 없는 작은 집단에 불과했던 사도들이 하루에 3,000명에게 세례를 베푼 용기를 생각할 때 놀랐습니다.

사도행전의 처음 열 장은 주목할 만한 교회 성장에 관해 말하고 있습니다. 예를 들어 사도행전 2장 41절은 "이날에 신도의 수가 삼천이나 더하더라."라고 말하고 있고, 2장 47절은 "주께서 구원받는 사람을 날마다 더하게 하시니라," 4장 4절은 "말씀을 들은 사람 중에 믿는 자가 많으니 남자의 수가 약 오천이나 되었더라."라고 말하고 있습니다. 만일 이 숫자에 5,000명의 여자와 5,000명의 자녀를 더한다면, 상대적으로 짧은 기간 동안 예루살렘에 15,000명의 신자가 생겨났다는 얘기가 됩니다.

그리고 4장에는 "믿는 무리가 한마음과 한뜻이 되어"라는 구절이 나옵니다. 그들은 자신들을 회중 단위로 구분한 것이 아니라 **무리** 단위로 구분했던 것입니다. 저는 그 당시 예루살렘에 얼마나 많은 무리가 있었는지 잘 모릅니다. 하지만 상당한 수의 사람들이 있었던 것만큼은 틀림없습니다.

안: 그곳에 성장이 일어나고 있었던 것이 분명합니다.

맥: 많은 성장이 일어나고 있었습니다. 사도행전 5장 14절에 보면, "믿고 주께로 나아오는 자가 더 많으니 남녀의 수가 큰 무리더라."라고 말하고 있습니다. 여성의 해방에 관해 말하는 사람들은 이 구절의 뒷부분-남자들과 여자들의 무리-에 주목했습니다. 우리는 그동안 앞부분 "주께로 나아오는 자가 **더 많으니**"(added to the Lord)라는 구절에 주목했습니다. 하지만 사도행전 6장 7절 전반부에 귀를 기울여 보세요. 거기에 보면, "하나님의 말씀이 점점 왕성하여 예루살렘에 있는 제자의 수가 **더 심히 많아지고**"(multiplied in Jerusalem)라고 말하고 있습니다. 덧셈(addition) 방식에서 곱셈(multiplication) 방식으로 바뀌고 있습니다! 다른 중요한 사건은 "허다한 제사장의 무리도 이 도에 복종"했다는 것입니다(행 6:7). 그 당시 그리스도인들은 평민, 일반 서민, 남들보다 가난한 사람들이었습니다. 그런데 일정한 기간-우리는 그 기간이 얼마나 되는지 정확히 모릅니다-이 지난 뒤 **제사장**의 무리가 복음의 도에 복종하게 되었습니다. 그날은 정말 위대한 날이었습니다!

사도행전이 한 장 한 장 진행되면서 우리는 계속해서 성장이 일어나는 것을 볼 수 있습니다. 그것에 관해서 지금 여기에서 모든 것을 언급하지는 않겠습니다마는, 한 가지, 사도행전 9장 35절에 주목해 볼 것을 권합니다. 거기에 보면, 룻다와 사론이라는 두 마을이 나옵니다. 성경은 말하기를 "룻다와 사론에 사는 사람들이 다 그를 보고 주께로 돌아오니라."라고 하였습니다. 그 두 마을에서 주께로 돌아오지 않은 사람이-여성이든지 남성이든지 아이든지 간에-한 사람도 없었습니다. 신약성경에서 계속 일어난 성장은 바로 이런 종류의 것이었습니다. 당신은 아마도 사마리아에 복음이 전해진 방식을 기억할 것입니다. 그 당시 사도들에게 들린 말은 "사마리아도 하나님의 말씀을 받았다."(행 8:14)라는 것이었습니다. 개인이 아닌 마을 전체가 주께로 돌아왔습니다. 그렇습니다! 신약성경에서 교회 성장은 정말 대단한 방식으로 일어났습니다.

성장의 이유

안: 우리는 신약성경에 나타난 교회 성장을 확인했습니다. 그렇다면 그런 성장을 가져온 이유는 무엇입니까?

맥: 여러 가지 이유가 있습니다. 가장 중요한 이유는 모든 사람을 구원하시려는 하나님의 목적-그분의 지속적이고, 흔들리지 않고, 변하지 않는 목적-이었습니다. 세계 전역에 걸친 교회의 성장과 발전은 자체적으로, 저절로 일어나지 않았습니다. 하나님의 의지로 그것이 일어난 것입니다. 사실 성경은 처음부터 끝까지 인간을 구원하시려는 하나님의 목적에 대해 증언하고 있습니다. **바로 그것**이 신약성경에 기록된 교회 확장의 기초가 되었습니다.

안: 초대 교회가 전적으로 헌신했던 통일된 목적, 그것은 바로 인간을

자신에게로 돌아오게 하시는 하나님의 한결같은 목적이었군요.

맥: 그렇습니다. 바로 그 한결같은 한 가지 목적이 사도들과 새 그리스도인들에게 동기를 부여했습니다. 그 목적은 예수의 이름으로 세례를 받은 모든 사람에게 주어졌습니다. 따라서 그 당시 교회의 성장은 사람들이 하나님께서 구원에 관해 느끼는 것과 같은 방식으로 느끼고, 그분의 뜻을 위해 준비된 도구로서 헌신하는 사람들에게 달려 있었다고 말할 수 있습니다.

안: 그것은 오늘날에도 여전히 교회 성장의 핵심이지요. 싸움에서 이기느냐 지느냐를 결정짓는 요인입니다.

맥: 신약성경에 나타난 교회 성장에서 또 다른 중요한 이유는 유대인들의 기대였습니다. 그들은 메시아, 곧 이스라엘의 구세주를 고대하고 있었습니다. 베드로와 다른 사도들은 유대인들에게 그들이 고대하고 있던 분이 이미 오셨다고 선포했습니다.

그리고 주님의 부활 사건이 일어났습니다. 생각해 보세요. 부활 사건이 예루살렘 도시에 미친 충격이 얼마나 대단했겠습니까! 모든 사람이 이미 죽었다고 알고 있었던 그분이 살아나셨고 사도들과 다른 사람들이 봤다는 겁니다. 부활 사건은 엄청난 관심을 불러일으켰습니다. 이것을 그리스도의 임박한 재림의 기대와 결합해 보세요. 그러면 아마도 예루살렘에 일어났던 소동이 얼마나 강렬했는지 느낄 수 있을 것입니다.

안: 제가 관찰한 바로는, 오늘날 사람들에 대해 분명한 관심을 가지고 선교에 열정을 쏟는 교회는 성장할 수 있는 토대를 마련했다고 볼 수 있습니다.

맥: 맞습니다. 여기에 한 가지 이유를 추가하고 싶은데, 그것은 복음의 메시지가 평범한 사람들에 의해 선포되었다는 것입니다. 알다시피 바리새인들은 베드로와 요한과 다른 사도들을 가리켜 무지하

> 초대 교회 성장의 원인 중 하나는 복음의 메시지가 평범한 사람들에 의해 선포되었다는 것이다.

고 배우지 못한 평범한 사람들-평신도-이라고 말했습니다. 그들은 신학 학위를 취득하지 않았습니다. 의심할 바 없이, 이 사실은 그들의 메시지에 힘을 실어주었습니다. 기억하십시오. 오순절 사건이 일어나고, 3,000명이 세례를 받고 성령을 받은 후에 단지 12명의 사도만 설교한 것이 아니었습니다. **3,000명의 그리스도인**이 설교한 것입니다.

안: 얼마나 놀라운 일입니까! 평범한 사람들을 비범하게 사용하시는 하나님, 그분은 이 그리스도인들이 앞으로 나갈 수 있도록 능력을 부어주셨습니다.

맥: 능력을 받은 그 사람들은 일상생활에서 다른 사람들과 활발하게 접촉하며 사는 사람들이었습니다. 이 새로운 그리스도인들에게 유대인 친척이 얼마나 많았을지 생각해 보세요. 세례받은 3,000명에게는 한 사람당 50명 이상의 친척이 있었을 것입니다. 얼마 후 수많은 사람이 이렇게 말했습니다. "저의 사촌과 삼촌, 이모, 고모, 할아버지, 손자가 이제 그리스도인이 되었습니다." 이것은 한 번 걸러진 표현이므로 그 당시 현장의 감격을 다 표현하지 못합니다. 한 번의 도약으로 기독교는 이제 진정한 선택지가 되었습니다. 그리스도를 따르는 것이 다수의 유대인에게 개방되었습니다. 따라서 신앙을 전파하는 일에 새 회심자들의 중요성은 아무리 강조해도 지나치지 않습니다.

안: 이 문제를 다른 관점에서 살펴보지요. 하나님의 구원 계획 속에서 교회가 감당해야 할 역할은 무엇이라고 생각하십니까?

맥: 교회는 절대적으로 하나님의 구원 계획의 중심에 있습니다. 알다시피 그리스도 자신이 교회에 중요한 역할을 맡기셨습니다. 그분은 "내가 …내 교회를 세우리니 음부의 권세가 이기지 못하리라."(마 16:18)라고 말씀하셨습니다. 교회는 그리스도의 몸입니다. 따라서 세계 복음화를 위해서 매우 중요한 역할을 맡아야 합니다.

안: 그렇다면 개별 신자들과 교회의 관계에 대해서는 어떻게 생각하십니까?

맥: 개별 신자는 구원 받은 사람입니다. 그는 그리스도를 알고 있습니다. 그는 자신의 신앙을 전해줄 수 있습니다. 하지만 개별 신자인 그가 교회의 일부가 되지 않는다면 얼마 지나지 않아 그 신앙의 효과를 상실하기 쉽습니다. 그의 신앙은 식어 마치 불에서 떨어져 나온 숯처럼 곧 검게 변해 버릴 것입니다. 교회와 분리된 개별 그리스도인은 이내 전도의 능력을 잃어버립니다. 그러므로 제가 볼 때, 교회는 세상을 위한 하나님의 구원 계획의 필수적인 부분입니다.

안: 하나님의 구원 계획 속에서 개별 신자와 교회 중에서 어느 것이 더 강조되어야 합니까?

맥: 둘 다 강조되어야 합니다. 의심할 바 없이 하나님께서는 인간을 개별적으로 부르셔서 믿고 구원받게 하십니다. 하지만 그들이 믿자마자 교회의 조직에 편입되고 교회로서 기능하는 것이 하나님의 분명한 목적입니다. 우리가 하나님의 말씀이 성장하고 배가되는 것을

볼 수 있는 곳은 오직 교회뿐입니다. 그리고 신약성경에서 사람들이 회심하는 곳마다 교회가 설립되는 것을 볼 수 있습니다.

성장의 문제

안: 그런데 초대 교회는 엄청난 성장을 이루기도 했지만 몇 가지 문제점도 노출했습니다.

맥: 오순절 사건 이후에 발생한 한 가지 문제만 생각해 봅시다. 교회 공동체는 어디에서 모였습니까? 3,000명이 세례를 받았습니다. 그리고 성경은 그들이 계속해서 교제하고, 사도들의 가르침을 받고, 떡을 떼며, 기도했다고 기록하고 있습니다. 자, 그런데 그들은 어디에서 만났을까요? 제 가정(假定)은 그들이 한 장소에서 만나지 않았다는 것입니다. 아마도 그 3,000명을 여러 모임으로 나눈 뒤 각 모임을 통해서 가르침을 받고, 주의 만찬에 참여하고, 예배하고, 하나님을 찬양하며, 서로 교제했을 것입니다. 오순절 사건 이후 크고 작은 가정교회가 예루살렘 전역에 생겨났을 겁니다. 제 생각에는 이런 그림이 가장 적절해 보입니다. 사실상 그런 가정교회 형태는 오순절 사건 이후에 그리스도인들이 많이 늘어났을 때 교회가 정기적으로 만날 수 있는 유일한 구조였습니다.

성장의 기초

안: 물론 이 가정교회에는 신앙에 관한 가르침이 있었습니다. 저는 신약성경을 보면서 어떤 성경적 기초가 이런 교회들의 성장을 촉진했

을지 궁금했습니다.

맥: 먼저 우리는 교회의 성장이 유대인들 가운데서 일어났다는 점을 인식해야 합니다. 그들은 자신들이 하나님의 백성이라고 생각하고 있었습니다. 바로 그랬기 때문에 그들이 메시지에 반응했던 것입니다. 그 메시지가 힌두교도들, 라틴 민족, 앵글로색슨 민족 등 전혀 준비되지 않은 사람들에게 전해질 수도 있었습니다. 그러나 그들은 준비되지 않았기 때문에 그 메시지를 거부했을 것입니다. 하나님의 사랑에 관한 메시지가 유대인들에게 전파되었을 때 그들은 이미 준비되어 있었습니다.

안: 그 말씀은 유대인들이 복음을 들을 준비가 되어 있었다는 뜻입니까?

맥: 그렇습니다. 그들은 메시아를 고대하고 있었습니다. 그들은 의롭게 말하고 행동하는 하나님에게 익숙했습니다. 하나님께서는 유대인들이 교회의 모판이 되게 하셨습니다. 성령께서는 교회가 유대인들 가운데서 강력하게 성장함으로써 다른 민족들에게로 퍼지도록 유도하셨습니다.

안: 예수님께서 말씀하시고 그것을 직접 실천해 보여주셨다는 점이 가장 중요하리라 생각됩니다.

맥: 예수님의 그런 모습은 당연히 큰 영향을 끼쳤습니다. 예를 들어 오순절에 그리스도인이 된 많은 사람은 이미 몇 년 전에 복음서에 기록된 기적들을 보았을 것입니다. 실제로 그들 중 일부는 직접 그 사건에 관련되었을 것입니다. 이와 관련해서 저는 '나사로가 오순절

사건이 일어났을 때 그 자리에 있었을까?' 하고 생각해 보기도 했습니다. 사도들은 그들이 물고기 한 마리도 잡지 못했을 때 주님께서 "깊은 데로 가서 그물을 던져라."라고 말씀하시자 놀랄 만큼 많은 물고기를 잡았던 사건을 기억했을 것입니다. 그들은 그물이 찢어질 때까지 물고기를 잡아들였습니다. 그물과 물고기에 얽힌 그 사건은 오순절 날 다시 한번 사도들의 마음속에서 깊이 요동쳤을 것입니다.

안: "나를 따라오라. 내가 너희를 사람을 낚는 어부가 되게 하리라." 예수님께서 하신 이 말씀이 극적이면서도 마치 눈앞에서 일어나는 것처럼 생생하게 실현되고 있다니 이 얼마나 놀라운 일입니까!

맥: 그렇지요. 그리고 그분이 이 말씀을 하실 때 그물 속에서 단지 펄쩍 튀어 오르는 한 마리 외로운 송어를 낚아채는 사람들이 아니라, 꿈틀거리며 미끄러지는 물고기로 가득 찬 그물을 끌어당기고 있는 사람들에게 말씀하고 있었다는 사실을 생각해 본 적이 있습니까? "내가 너희를 사람을 낚는 어부가 되게 하리라."라고 하신 말씀은 제물 낚시꾼들(fly fishers)이 아니라 투망을 사용하는 어부들(net fishers)에게 하신 것이었습니다.

제자들은 잃은 양, 잃은 동전, 잃은 아들의 비유를 회상하면서 가족과 이웃 중에서 잃은 사람들을 생각했을 것입니다. 목자들이 양을 찾으러 다니고 여인들이 잃은 동전을 찾아 헤매는 것처럼 그들은 자신의 집단에 속한 사랑하는 사람들 가운데 잃은 사람들을 찾으려고 했을 것입니다. 이런 사례와 또 다른 사례들을 통해서 우리는 교회가 증식될 때마다 주님의 말씀이 거기에 반영되고 있는 것을 보게 됩니다.

발전하는 교회들

안: 방향을 돌려서, 개척된 곳에서 발전하는 신약성경의 교회들에 관해 이야기해 주시지요.

맥: 기독교 역사에서 두드러지게 성장해 매우 중요한 역할을 감당했던 교회 중 하나가 안디옥 교회입니다. 안디옥은 신약성경의 교회가 처음으로 문화적 장벽을 뛰어넘은 곳입니다. 그전에는 단지 유대인들만 그리스도인이 되었습니다. 하지만 안디옥에서 몇몇 평신도들이 "헬라인에게도"(행 11:20) 주 예수에 관해서 말하기 시작했습니다. 그들은 결코 다른 사람들에 비해 더 많이 알고 있는 사람들이 아니었습니다. 그런데 헬라인들이 할례를 받았습니다. 그들은 돼지를 먹었고, 그들의 정원에는 나체 여인상이 있었습니다. 그런데도 평신도들은 그들에게 예수 그리스도에 관해 말했습니다. 어쩌면 설교자들은 그리스도에 관해 더 많은 것을 알고 있었을 것입니다. 그러나 평신도들은 그렇지 못했습니다. 그런데 그 평신도들이 그리스도를 소개했을 때 헬라인들이 믿었고, 성령께서 그들 위에 임하셨습니다. 그들은 여전히 아침 식사 때 베이컨을 먹었음에도 좋은 그리스도인들이 될 수 있었습니다.

    안디옥 교회는 유대인과 이방인 가운데서 성장하기 시작했습니다. 사도들은 그 교회가 크게 성장했다는 소문을 듣고 그 의심쩍은 일을 조사하기 위해 바나바를 보냈습니다. 바나바는 그 교회가 유대인뿐만 아니라 이방인 중에서 성장하고 있다는 사실을 알게 되었습니다. 그는 그 교회의 목회 상황이 자신이 감당할 수 있는 수준을 넘어선다는 것을 깨닫고 다소에 가서 사울을 데려왔습니다. 일년 동안 그들은 놀라운 경험을 했습니다. 기록에 따르면, 이 교회는 매우 크게 성장했습니다. 안디옥이라는 대도시 전역에 작은 회중들이 우후죽순처럼 많이 생겨났습니다.

안: 그런 교회야말로 정말 '꽃처럼 피어나는 교회'(a blossoming church), 곧 발전하는 교회라고 말할 수 있을 것입니다.

맥: 그 발전하는 교회의 시야는 단지 안디옥에만 제한되지 않았습니다. 그 교회는 선교사들을 파송했습니다. 그것이 그 교회를 그렇게 유명하게 만든 이유가 되었습니다.

안: 안디옥 교회는 두 가지 방식, 곧 회심자들을 더하고 다른 교회들을 개척하는 방식으로 성장한 교회의 좋은 사례입니다.

맥: 그다음에, 베뢰아에 있었던 작은 교회를 생각해 볼 수 있습니다. 사도들은 타의에 의해 데살로니가를 떠날 수밖에 없게 되자 베뢰아로 갔습니다. 사도들은 그곳에서도 메시지를 전했고, 회당 전체가 믿음을 받아들였습니다. 어느 한 공동체가 한꺼번에 주님께 나오는 것은 언제나 바람직합니다. 회당 공동체는 집단적으로 기독교 신앙으로 돌아서서 튼튼한 교회가 되었습니다.

안: 그 주제에 대해서 좀 더 살펴보지요. 어느 한 공동체가 이런 유형으로 신앙을 받아들이는 것이 항상 바람직하다고 생각하십니까?

맥: 그렇습니다. 왜냐하면 그 공동체가 전혀 사회적 혼란을 겪지 않을 수 있기 때문입니다. 모든 사람에게 이로운 방식입니다. 비그리스도인들과 갈등을 일으키는 그리스도인이 없습니다. **모든** 사람이 길 되신 예수를 따르는 사람이 됩니다. 이 방식은 더 나은 공동체를 만드는 데 이바지합니다. 따라서 이런 일이 일어난다면 좋은 것입

니다. 그리고 그것은 추구할만한 좋은 일이기도 합니다.

안: 저는 이 유형이 매우 흥미롭고 오늘날에도 적절하다고 생각합니다. 하지만 시간 관계상 이제 다시 원점으로 돌아와 신약성경에 나오는 다른 성장하는 교회들을 살펴볼까요?

맥: 요한계시록의 앞부분에 언급된 빌라델비아 교회를 생각해 봅시다. 이 교회는 순종과 봉사와 열린 문의 특징을 지니고 있습니다. 이 교회에는 아름다운 교제가 있었을 것입니다. 그다음에 에베소, 고린도, 알렉산드리아, 로마에 있었던 교회를 언급하고 싶습니다. 로마에 있는 교회를 생각해 보세요. 얼마나 놀라운 성장입니까!

　우리는 이 교회가 도심에서 성장했다는 사실을 생각해야 합니다. 이 교회는 고대 세계의 대도시에서 강하게 성장했습니다. 마찬가지로 북미의 도시에서도 교회가 강하게 성장해야 합니다. 신약성경은 대체로 도시교회들에 관해서 말하고 있습니다. 교회는 도시의 조건 속에서 성장했습니다. 우리는 교회가 부유하지 않고 교회 건물을 전혀 가지고 있지 않았음에도 도시에서 강하게 성장했다는 사실로부터 용기를 얻을 수 있습니다. 그리스도인들은 집에서 모였습니다. 인쇄된 신약성경이 없었습니다. 그리스도의 제자들은 때때로 박해를 받았습니다. 그런데도 살아계신 주님께서는 초기 도시의 신자들을 인도하셨으며, 그들의 교회들은 증식되었습니다.

안: 만약 그 시대에 현대 도시의 경향이 있었다면, 교회들은 도심에서 교외 지역으로 옮겨가야만 했을 것입니다. 오늘날의 도시들이 그리스도의 메시지에 대한 기회, 아직 실현되지 않은 기회를 제공하고 있다고 생각하십니까?

맥: 그 점에 관해서는 의문의 여지가 없습니다. 북미의 대도시들은 교회의 주요 거점으로 존재해 왔고, 또 앞으로도 그럴 것입니다. 도시 사람들은 다른 지역에 있는 사람들만큼이나 그리스도가 필요합니다. 도시들이 권력을 가지고 있고, 학습, 상업, 제조업의 중심지라고 하는 사실은 교회가 도시교회 성장에 집중해야 한다는 것을 의미합니다.

시든 교회들

안: 신약성경에 등장하는 모든 교회가 그들의 잠재력을 완전히 발전시킨 것은 아니었습니다. 사실을 파악하기 위해서 몇 교회를 검토할 필요가 있을 것 같습니다.

맥: 지금 라오디게아, 에베소, 두아디라 교회를 염두에 두고 있는 것 같군요.

안: 그렇습니다. 저는 폐허가 된 라오디게아의 고대 유적지에 가본 적이 있는데, 그곳에서 낡은 수도관들을 보았습니다. 그 수도관들은 히에라폴리스에서 약 6마일쯤 떨어진 라오디게아까지 물을 보급하기 위해 설치된 것이었습니다. 그런데 사도 요한은 라오디게아 교인들에게 이렇게 썼습니다. "네가 이같이 미지근하여 뜨겁지도 아니하고 차지도 아니하니 내 입에서 너를 토하여 버리리라"(계 3:16). 저는 그 교회, 그곳에서 실제로 일어난 일에 관해서 곰곰이 생각해 보았습니다. 그리고 한 가지 실마리를 발견했습니다. 그것은 바울이 골로새 교인들에게 쓴 편지에 있습니다. 편지 끝부분에서 바울은 라오디게아 교인들이 그의 편지를 읽게 해달라고 부탁합니다.

그는 아킵보에게 주님께서 맡긴 일을 부지런히 하라고 권합니다. 아마도 바울이 편지를 쓰고 있을 때 부패가 시작되고 있었을 테고, 몇 년이 흘러 요한이 요한계시록을 쓸 때는 미지근한 상태로 변했을 것입니다.

맥: 당신의 생각이 정확할 수도 있습니다. 그리스도인들이 하나님의 일에 관해서 올바른 자세를 갖지 않고, 하나님의 말씀이 분명하게 가르치는 것을 행하지 않을 때 교회는 부패하기 시작하고 하나님에게서 멀어지게 됩니다. 그리고 라오디게아 교회처럼 차지도 않고 뜨겁지도 않게 됩니다. 그다음에 에베소 교회가 있었습니다.

안: 한때 매우 강력했던 교회였지요.

맥: 매우 강력했었지만, 사도 요한은 이렇게 말하고 있습니다. "너의 처음 사랑을 버렸느니라. 그러므로 어디서 떨어졌는지를 생각하고 회개하여 처음 행위를 가지라"(계 2:4-5). 이것은 또한 오늘날의 교회를 향한 냉정한 메시지이기도 합니다.

안: 흠! 에베소 교회는 정통 신앙을 가졌을 뿐만 아니라 매우 부지런한 교회였지만 처음 사랑을 잃어버렸습니다. 분명한 것은 신약성경의 교회들 가운데 자신의 잠재력을 충분히 발휘하지 못한 교회들의 이야기가 우리의 정신을 번쩍 들게 만든다는 사실입니다.

맥: 두아디라 교회는 죄에 빠졌습니다. 그런 조건 아래에서는 교회가 성장할 수 없습니다. 교회는 도덕적으로 순결해야 합니다.

안: 그런데 성장하는 교회라 할지라도 교회에 속한 개인들이 문제를 일

으키는 때도 있었습니다. 바울은 이런 개인들이 교회의 가능성 계발을 저해하는 경향이 있음을 감지했습니다.

맥: 아나니아와 삽비라 사건이 예루살렘 교회에 큰 충격을 주었을 것입니다. 그리고 바울이 고린도에서 보았던 질투, 다툼, 성적 패륜 등과 같은 죄악들도 의심할 여지 없이 교회에 해를 끼쳤습니다.

안: 교회가 성장에 관해 생각하기 전에 먼저 죄의 문제를 해결해야 한다고 보십니까?

맥: 아닙니다. 저는 그게 가능하다고 생각하지 않습니다. 그리고 그런 방식이 신약성경의 모델인 것도 아니고요. 신약성경의 교회들은 죄를 비난했습니다. 어떤 경우에는 죄를 짓고 회개하지 않는 사람들을 제명했습니다. 또 다른 경우에는 죄를 지은 사람들이 회개하고 옳은 길로 돌아오게 했지만, 교회는 언제나 단순히 그리스도를 전파하는 일에 초점을 맞추었을 뿐입니다. 바울은 그것을 이렇게 표현했습니다. "우리는 우리를 전파하는 것이 아니라 우리의 실패를 전파합니다. 우리는 비록 우리가 행한 일이 부족하다고 할지라도 자신 안에서 인간에게 새 생명을 주시는 그리스도를 전파합니다"(고후 4:5를 보라). 이것이 바로 복음이 말하는 바입니다.

안: 초대 교회 시절에는 박해가 흔하게 있었습니다. 그런데 박사님은 순교의 피가 교회의 씨앗이 된다고 믿으십니까? 달리 말해서, 박해가 교회 성장을 돕는다고 생각하십니까, 아니면 방해한다고 생각하십니까?

맥: 박해는 종종 교회 성장을 돕기도 했고, 때로는 방해하기도 했습

니다. 그 문제는 박해가 심각하고 가혹한 정도, 그리스도인들의 믿음과 용기의 정도에 달려 있습니다. 박해가 교회의 기(氣)를 꺾는 때도 있었습니다. 때로는 박해가 교회를 완전히 사라지게 만들기도 했습니다. 그러나 대체로 교회는 강했습니다. 따라서 많은 교회가 박해에도 불구하고 살아남았습니다. 저는 종종 북미의 환경을 바라보면서 여기에서 일어나는 작은 박해가 우리에게 도움이 될지 그러지 않을지 생각해 보곤 합니다. 하지만 우리는 박해를 너무 쉽게 생각하기 때문에 그 박해로 인해 최선을 다할 만큼 긴장하지 않습니다.

교회증식가 사도 바울

안: 신약성경과 교회 성장에 관해 생각할 때 제 마음에는 자연스럽게 위대한 교회증식가(multiplier of churches) 사도 바울이 떠오릅니다. 박사님은 이 분야에서 그를 그토록 눈에 띄는 인물로 만든 특성이 무엇이라고 생각하십니까?

맥: 바울은 위대한 신자요, 위대한 교회증식가요, 위대한 복음 전도자요, 위대한 그리스도인이었습니다. 그는 사람들을 구원하려는 대단한 열정을 가지고 이 역할들을 수행했습니다. 그의 일생은 그리스도를 아는 지식에 의해 크게 변화되었습니다. 그는 모든 사람이 이 보배를 나눠 갖기를 원했습니다. 그는 예수 그리스도를 아는 것이 얼마나 위대한지 깨닫고 난 뒤 모든 것을 쓰레기와 같이 쓸데없는 것으로 여겼습니다.

안: 그는 "오직 한 일"(빌 3:13), 곧 한 가지 목적을 가진 사람이었습니다.

맥: 그에게는 확고한 목적이 있었지요! 그는 사람들을 향한 하나님의 메시지를 가지고 있었고 그것을 전하고자 했습니다. 바울은 지독하게 열심히 일하는 사람이었습니다. 그는 절대로 멈추지 않았습니다. 매를 맞고, 굶주리고, 옥에 갇히는 것과 같은 장애를 생각해 보세요! 이 모든 고난을 겪으면서도 그는 용감하고도 승리에 찬 삶을 살았습니다. 그의 생애는 작은 장애에도 쉽게 방향을 바꾸는 우리를 꾸짖습니다.

안: 꾸짖는다, 그렇지요. 하지만 그의 생애는 그뿐만 아니라 우리에게 격려가 되고, 우리가 따라갈 수 있는 모델이 되기도 하지요.

맥: 그렇습니다. 그는 주님과 끊임없이 교제함으로써 하나님의 권능을 힘입을 수 있음을 자신의 경험으로 보여주었습니다. 바울은 정말 멋진 사람이었습니다.

안: 박사님은 바울이 교회증식가로서 어떤 의도적인 계획을 가지고 있었다고 생각하십니까?

맥: 예, 바울에게는 의도적인 계획이 있었습니다. 저는 그가 어디에서 그 계획을 얻었는지 짐작할 수 있습니다. 다소에서는 그가 교회를 개척하는 일에 성공하지 못했을 것입니다. 적어도 신약성경에서 우리는 그런 사실에 관해서 한마디도 들을 수 없습니다. 그런데 바울이 안디옥에 왔을 때 그는 소위 안디옥 플랜(the Antioch plan)에 따라 성장하는 교회들을 보았습니다. 회당 공동체 주변에서 성장하는 교회들을 보았던 것입니다. 회당에 속한 유대인들이 먼저 믿었습니다. 그러자 회당에 속한 개종자(改宗者)들이 믿게 되었습니다. 그 개종자들은 유대인이 된 이방인들이었습니다. 모든 회당에는, 유대

인이 되지는 않지만, 유대교 예배를 좋아하는 경건한 사람들이 있었습니다. 이 사람들은 유대교 율법을 따르지는 않았지만, 유대교의 일신교적 특성과 높은 윤리적 표준을 좋아했습니다. 훗날 바울이 그리스도를 전파하자 많은 '경건한 이방인들'이 믿고 세례를 받았습니다. 이것이 바로 안디옥 패턴(the Antioch pattern)입니다.

안디옥을 떠나 선교 사역을 할 때 바울이 항상 찾아다녔던 공동체들이 있었습니다. 그는 항상 회당으로 갔습니다. 이것은 매우 주목할 만한 사실인데, 바울은 이방인에게로 파송된 사도였는데도 먼저 회당을 찾아갔습니다. 회당에서 그는 이미 복음에 관심이 있는 이방인들을 발견했던 것입니다.

안: 여기에 한 가지 원리가 있군요. 이미 복음에 관심이 있는 사람들을 찾아라!

맥: 만일 우리 그리스도인들이 하나님께서 예비한 사람들을 찾는다면 가장 반응적이고 가장 쉽게 구원받을 사람들을 발견하게 될 것입니다. 어쨌든 이것이 바로 바울이 했던 방식입니다. 그는 도시를 찾아갔습니다. 그런데 제가 생각할 때 바울이 도시를 찾아간 이유는 단순히 도시가 중요해서가 아니라 거기에 회당들이 있었기 때문이었습니다.

바울의 선교 사역에서 발견할 수 있는 또 다른 패턴은 그리스도인들의 친척들을 만나는 것이었습니다. 이것은 신약성경에서만 힌트를 찾아볼 수 있는데, 바울은 회당 구성원들에게, 어쩌면 절반 정도, 어쩌면 거의 모두에게 세례를 베풀었을 것입니다. 이렇게 회심한 사람들은 나중에 바울이 선교여행을 떠나고자 했을 때 이렇게 말했을 것입니다. "그 길을 따라가다 보면 제 누이나 어머니가 계신 회당을 만나게 될 것입니다." 아니면 "그곳에는 깔개를 팔거나 천막을 만드는 제 사촌이 있습니다."라고 말했을 것입니다. 그러니까 바울은 어느 마을에 도착하기도 전에 이미 찾아가 복음을 전할 사람들에 관한 많은 정보를 알고 있었던 것입니다. 예를 들어 로마서 16장에는 그가 로마에 도착하기 전에 이미 알고 있었던 여러 사람에 관한 명단이 있습니다.

그는 어디에서 이 정보를 얻었을까요? 그는 이미 그리스도인이 된 사람들에게서 그 정보를 얻었습니다. 그는 끊임없이 복음을 전했는데, 그는 아는 사람이 전혀 없는 마을이 아니라 이미 그와 연줄이 있는 사람들의 마을로 갔습니다. 말이 난 김에 정리해 보자면, 여기에 오늘날의 전도를 위한 좋은 원리가 있습니다. 즉 당신과 **연결된 사람**에게 복음을 전하라는 것이지요.

가족 집단

안: 자, 그러고 보니 박사님은 지금 우리가 강조하고 넘어가야 할 가족 집단(family units)에 관해서 말씀하시고 있군요. 그렇다면 박사님은 가족들이 복음을 받아들이는 패턴이 신약성경에 있다고 생각하십니까?

맥: 사도행전과 바울서신을 읽어보면 계속해서 온 가족이 그리스도를 받아들이는 사건들을 발견하게 될 것입니다. 이것은 매우 놀라운 일이 아닐 수 없습니다. 아마 이런 구절들을 보게 될 것입니다. "그와 그 집이 믿었다." 또는 "그와 그 집이 세례를 받았다." 교회가 성장할 때 그 교회는 가족 단위의 합류에 의해 성장했습니다. 때로는 여러 가족이 함께 합류하기도 했고, 때로는 한 가족만 합류하기도 했습니다. 빌립보에서 만난 간수의 가족을 생각해 보세요. 또

고넬료의 집에 모인 사람들을 생각해 보세요. 거기에 모인 사람들이 아마도 10명, 15명, 20명, 또는 30명가량 되었을 텐데, 모두 함께 믿었습니다. 성령께서 임하시자 그들 모두 그리스도인이 되었습니다. 그러므로 신약성경의 패턴은 한 사람씩 개별적으로 주님을 영접한 형태가 아니라 가족 단위로 영접한 형태였습니다. 우리는 신약성경에서 이 점을 매우 중요하게 봐야 합니다.

안: 저는 우리 개신교 전통이 가족보다도 개인에게 더 큰 관심을 두어왔다고 생각합니다. 이런 경향은 오늘날에도 그대로 남아 있습니다.

맥: 우리는 매우 개인주의적인 시대에 살고 있습니다. 미국에서 가족의 유대관계는 매우 약한 편입니다. 지난 세기에 일어난 산업혁명, 미국인 가족들의 이동성 증가, 미국의 비즈니스 세계, 우리의 정치철학, 이 모든 것이 과도한 개인주의와 해로운 개인주의에 영향을 주었습니다. 하지만 저는 개인과 가족을 서로 모순되는 것처럼 대비하고 싶지 않습니다. 그리스도에게 나올 때 때로는 개별적으로 나올 수도 있고, 때로는 가족 단위로 나올 수도 있는 거지요. 제가 말씀드리고자 하는 바는 단순합니다. 만일 당신이 가족 전체를 구원시킬 수 있다면, 그 방법이 가족 중에서 개별적으로 누군가를 빼내는 것보다 더 낫다는 것입니다. 그러나 때로는 고립된 한 사람만을 구원할 수도 있습니다. 다른 가족들은 믿지 않기 때문입니다. 그 경우에는 아무도 구원하지 못하는 것보다 한 사람만이라도 구원하는 것이 더 낫습니다. 그러나 온 가족이 주 예수를 믿는 것은 정말 아름다운 일입니다.

안: 무슨 말씀인지 잘 알겠습니다. 그것을 미국의 교회학교 운동에 적

용해서 설명할 수도 있겠군요. 만일 어느 교회가 단지 어린이들만을 전도한다면 그중에 많은 아이가 떨어져 나갈 것입니다. 하지만 가족 전체가 한 단위로 믿게 된다면 회심자들의 안정성이 더 커질 것입니다. 그 밖에도 수많은 증거가 이 원리를 입증하고 있습니다.

맥: 그렇습니다. 저는 가족 전체를 구원시키려는 우리의 노력이 올바르다고 확신합니다. 개인들에게 집중하는 것은 최선책이 아니라 차선책입니다.

성장의 원리들

안: 이것은 매우 좋은 신약성경의 원리라고 생각합니다. 자, 이제 새 교회들을 세우는 데 사용할 수 있는 다른 원리들을 토론해 볼까요?

맥: 신약성경에 나타난 모든 성장의 바탕에는 예수 그리스도를 믿는 뜨거운 믿음이 있었습니다. 교회는 그분이 이 땅에 오셔서 승리의 삶을 사셨고, 인간의 죄를 대신하여 십자가에 달려 죽으셨으며, 부활하셨고, 곧 다시 오실 것을 믿었습니다. 그들에게는 예수 그리스도에 대한 이 같은 열렬한 믿음이 있었습니다.

다른 중요한 원리 중에 평신도 리더십이 있습니다. 교회는 평신도들이 다른 사람들에게 복음을 전했기 때문에 성장했습니다. 안디옥 교회가 평신도들의 수고로 세워졌다는 사실을 기억하시기 바랍니다. 성경에 그들의 이름이 나오지는 않지만, 구브로와 구레네 출신의 몇 사람이 안디옥에 이르러 그곳에 교회를 개척했습니다. 로마의 교회도 평신도들에 의해 시작되었습니다. 바울이 그곳에 도착했을 때 그는 평신도들에 의해 시작된 4개의 회중을 발견했습니다.

평신도들이 설교하고, 평신도들이 새 신자들에게 세례를 주고, 평신도들이 새 신자들을 가르쳤을 것입니다. 평신도 리더십을 세우는 것, 이것이 두 번째 원리입니다.

그리고 성령에 대한 민감성도 중요합니다. 신약성경을 보면 계속해서 성령의 역할을 강조하고 있습니다.

우리는 신약성경의 교회를 가정교회들의 집합체로 봐야 합니다. 이것은 만약 고린도에 20개 내지는 30개의 가정교회가 있었다면 그만큼 교회가 나뉘어 있었다는 것을 뜻하지 않습니다. 바울은 항상 여러 가정교회를 하나의 교회로 언급했습니다. '고린도 교회'라는 표현처럼 말입니다. 교회가 여러 장소에서 모임을 했어도 그들은 모두 하나의 교회였습니다. 고고학자들이 이 고대 도시들을 발굴했을 때 그들은 AD 160년 이전에 세워진 교회 터를 발견하지 못했습니다. 이것은 처음 120년 동안 그리스도인들이 가정에서 폐쇄적으로 모였음을 의미합니다. 이것이 그 당시 교회의 강점이었습니다. 그들은 여러 다른 환경에서 만났습니다. 그들은 예배당을 지을 필요가

신약 교회들의 성장 원리
1. 예수 그리스도를 믿는 뜨거운 믿음
2. 평신도 리더십
3. 성령에 대한 민감성
4. 가족 중심의 복음 전도

없었기 때문에 부담이 없었습니다. 교회는 많은 사람에게 다른 사람들을 인도할 기회를 주었습니다. 한 교회를 구성하기 위해 5,000명, 2,000명, 아니 심지어 200명의 회중도 필요 없었습니다. 한 교회는 대체로 15명 또는 20명 정도로 구성되어 있었으며, 아무리 많이 잡는다고 해도 30명을 넘지 않았습니다. 모든 사람이 서로를 잘 알고 있었으며, 서로 다른 사람들을 돌보았습니다. 그들은 그야말로 하나님의 가족(a household of God)이었습니다.

그 밖에도 다른 많은 원리가 있습니다마는, 저는 신약 시대를 돌아보면서 단지 위에서 언급한 원리들만 강조하고자 합니다.

성장을 위한 은사들

안: 사도 바울은 그리스도의 몸 안에서 기능하는 개별 은사들에 관해서 언급하고 있습니다. 박사님은 교회 성장과 관련해서 이 은사들을 어떻게 보십니까?

맥: 은사들은 교회 성장에 매우 중요합니다. 신약성경은 하나님께서 사람들에게 은사를 주신다는 점을 강조합니다. 신약성경에 기록된, 성령께서 주시는 은사는 모두 24개입니다.

안: 신약성경에 언급되지 않은 은사들이 오늘날의 교회에서 가능하다고 보십니까?

맥: 저는 그렇다고 생각합니다. 하나님은 스물네 가지에 제한되지 않으십니다. 그분은 무한한 권능을 가지고 계시며, 필요한 사람들에게 능력을 주십니다. 그리스도인들은 자신의 힘으로 일하는 사람들이 아니라 하나님께서 주시는 힘으로 일하는 사람들입니다. 오늘날 우리는 우리의 삶에 대한 하나님의 계획 안에서 믿음을 회복하고 그 계획에 순종해야 합니다. 우리는 그분이 주시는 은사들을 기꺼이 받아들여야 합니다. 사람들이 저마다 다른 은사들을 받지만, 그것들은 모두 **하나님의** 은사들입니다. 이 점이 매우 중요합니다.

안: 박사님이 보시기에 교회 개척을 위한 은사도 있습니까?

맥: 그렇습니다. 그것은 우리가 생각하는 것보다 훨씬 더 상식적인 얘기입니다. 많은 사람이 한 가지 은사 또는 혼합된 은사들을 가지고 있습니다. 그 은사들은 그들이 복음을 전파할 수 있게 해 주며, 그

리스도인 소그룹이 없는 곳에 소그룹을 만들 수 있게 해 줍니다. 하나님께서는 준비된 그리스도인들에게 교회를 재생산하고 증식하는 데 필요한 은사들을 주십니다.

안: 그 말씀은 교회를 세우는 일이 단지 은사를 가진 사람들에게 달려 있다는 뜻인가요?

맥: 조금 다른 방식으로 설명해 보겠습니다. 교회를 개척하는 일이 너무도 중요하기 때문에 하나님께서 다수의 사람, 그러니까 받을 준비가 되어 있는 사람들에게 은사를 주신다고 말하고 싶습니다.

안: 그렇다면 박사님은 지금, 교회에 속한 개인마다 하나 또는 다수의 은사를 가지고 있으며, 그 은사들이 그리스도의 교회를 세우려고 하시는 그분의 지속적인 사역과 관련되어야 한다고 말씀하시는 거지요?

맥: 그렇습니다! 만일 은사들을 단지 기존의 그리스도인들을 섬기기 위해서만 사용한다면, 그것은 그리스도의 은사를 오용하는 것입니다. 은사가 주어지지 않는 것은 바로 이런 이유 때문입니다. 인간의 구원에 대한 하나님의 압도적인 관심을 생각할 때, 우리는 그분의 은사들이 인간에게 주어졌으며, 적어도 대부분의 잃은 사람들이 그분을 알게 될 것이며, 그분을 아는 것이 영원한 삶을 보장한다고 믿어야 합니다.

일치와 분열

안: 우리는 지금 신약성경의 성장하는 교회들에 관해서 말하고 있습니다. 저는 신약성경의 교회들이 공동체, 돌봄, 하나 됨, 사랑에 관해 인식하고 있었다고 생각합니다. 그런 인식은 성장하는 교회를 단결시키는 접합제 역할을 했을 것입니다. 이 점에 관해서 박사님은 어떻게 생각하십니까? 그리고 이것이 오늘날의 교회에는 어떤 영향을 미친다고 생각하십니까?

맥: 초대 교회가 사랑과 일치에 대해 지각하고 있었다는 것은 의심의 여지가 없습니다. 그리스도인들은 모든 것을 공동으로 소유했습니다. 비그리스도인들은 그리스도인들을 바라보면서 이렇게 말했습니다. "보라, 저들은 서로 얼마나 사랑하고 있는가!" 그곳에는 분명히 사랑이 있었습니다. 그렇다고 해서 그곳에 마찰이 없었다고 생각해서는 안 됩니다. 처음부터 많은 불협화음이 교회를 괴롭혔습니다. 어떤 사람들은 다른 사람들과 호흡이 잘 맞지 않았습니다. 심지어 바울과 바나바, 바울과 베드로조차 의견충돌로 관계가 틀어졌습니다. 고린도에 보낸 바울의 편지들은 갈등을 입증하는 증거입니다. 이 모든 것에도 불구하고 일치, 하나 됨, 형제들에 대한 사랑이 교회의 위대한 머리 되신 그리스도로부터 흘러나왔습니다.

안: 교회는 갈등에도 불구하고 성장할 수 있습니다. 그렇지요?

맥: 교회가 증식되는 일반적인 방식 중에 쪼개져서 성장하는 것이 있습니다. 주목할 만한 사실은 많은 교회가 '분열'을 통해 시작되었다는 것입니다. 제가 지금 분열이 성장의 한 방법이라고 주장하는 것은 아닙니다. 하지만 많은 교회가 분열했고, 분열한 뒤 양측 모두

성장했습니다. 그리스도인들은 가능한 한 일치를 위해 노력해야 합니다. 하지만 불일치와 갈등에도 불구하고 지속해서 성장할 수 있다는 점을 알아야 합니다. 중요한 것은 우리가 그리스도를 전파해야 할 필요성을 인식하는 것입니다.

안: 지역 교회에서 일치를 촉진할 수 있는 가장 건전한 방법 가운데 하나는 목표 중심적인 복음 전도와 성장에 관심을 가지는 것입니다.

맥: 전적으로 동의합니다. 사실 그것이 다른 어떤 방법보다 더 빠르고 유익한 방향으로 교회를 하나 되게 만들 것입니다. 모든 사람이 공통의 목표를 향해 일하게 될 것입니다.

온 세상으로

안: 대위임령(The Great Commission)은 우리에게 온 세상으로 가라고 명령합니다. 박사님은 교회를 세계 전도를 위한 전진기지로 생각하십니까?

맥: 그렇습니다. 저는 실제로 다른 기지는 없다고 생각합니다. 교회 또는 교회에 속한 그리스도인들이야말로 세계를 복음화하는 주체입니다. 초교파 선교 단체와 같은 '파라 처치' 조직들은 교회에 의존하고 있습니다. 교회가 그 조직들을 지원하고, 그 조직들을 위해 기도합니다. 교회는 복음 전파를 위해 삶을 드리는 젊은이들을 공급합니다. 모든 성공적인 선교사들을 보면 대개 그들에게는 그들을 건강한 그리스도인으로 성장시켜 준 교회가 있었습니다. 성공적인 선교사는 해외에 나가서 새로운 교회들을 시작합니다. 이처럼 세계

복음화 과정에서 교회의 역할은 매우 중요합니다.

안: 세계복음화가 언제 이루어질 것 같습니까?

맥: 어떤 사람들은 모든 사람이 복음을 듣게 되면 세계 복음화가 성취된다고 말하곤 합니다. 저는 그 대답이 매우 피상적이라고 생각합니다. 저는 모든 사람이 아주 이국적인 억양으로 메시지를 선포하는 외국 전도자로부터 복음을 듣게 될 때가 아니라 해당 국가의 모든 영역, 모든 지역에 교회가 설립될 때 복음화가 완성될 것으로 생각합니다. 모든 지역에 15명이나 20명 또는 200명의 그리스도인이, 다시 말해서 그 지역의 일부 주민이 그리스도인이 될 때 그곳의 모든 사람은 자신과 친한 사람에게서 자신의 언어로 복음을 들을 수 있고, 그 복음이 실천되는 것을 보게 될 것입니다. 그렇게 될 때 모든 사람이 그리스도인이 될 진정한 기회를 얻게 될 것입니다.

3장
반응성의 발견

안: 박사님은 오늘날 사려 깊은 그리스도인들이 자기 교회의 성장에 관해 정말로 관심이 있다고 생각하십니까?

맥: 물론입니다. 신자들이 진정한 **관심**을 보이지 않는 교회는 그 어떤 교회도 진정한 성장을 경험할 수 없습니다. 그리고 지식도 필요합니다. 교회가 성장하는 데에는 여러 가지 이유가 있습니다. 관심이 있는 신자들은 이런 이유에 관해서 공부하고 토론합니다. 이 책에서 우리는 그 이유들을 공부하게 될 것입니다. 하지만 먼저 우리의 생각을 자극하기 위해, 많은 교회가 복음에 관해 듣고 결심할 준비가 되어 있는 수용적인 사람들에게 복음을 전함으로써 성장한다는 사실을 이야기해 봅시다. 교회가 이런 반응성을 발견하고 복음을 전할 때 사람들이 반응하고 교회가 성장합니다.

안: 반응성을 찾는 과정에서 우리 주변의 모든 사람이 **반응적인 영역**(responsive areas)에 있다고 가정할 수 있습니까? 그리고 복음이 이 영역에 속한 사람들에게 전파될 때 성장이 일어난다고 보십니까?

맥: 그렇습니다. 우리는 모두 여기 미국의 사례들을 많이 알고 있습

니다. 침례교인들, 감리교인들, 사도 교회 교인들, 그 밖의 다른 교파 사람들은 복음을 갈망하는 엄청난 인구 집단을 찾아냈습니다. 그들은 적절한 방식으로 메시지가 제시되었을 때 반응했습니다. 예를 들어 미네소타 주와 위스콘신 주에 사는 스웨덴 이민자들은 침례교인들에게서 복음을 듣고 스웨덴 침례교인이 되었습니다. 물론 그들에게 반응성이 있기도 했지만, 복음이 스웨덴 사람들에 의해 스웨덴어로 전달된 점이 중요했습니다. 만약 이런 방식으로 복음이 전달되지 않았다면 그들은 미국침례교와 특별한 관계를 맺지 않았을 것입니다. 미국 침례교인들이 복음에 반응하는 사람들을 발견하지 못했을 수도 있습니다. 하지만 이 이민자들은 매우 적극적으로 스웨덴 침례교인이 되고자 했습니다. 따라서 그 사람들을 놓고 보면 반응성이 있었다고 말할 수 있고, 전달자들을 놓고 보면 그들이 적절한 접근 방식을 사용했다고 말할 수 있습니다.

성장하지 않는 교회의 일부 신자들이 성장하지 않는 현실에 불만을 느끼는 것도 교회 성장의 또 다른 이유가 됩니다. 그런 사람들은 좋은 결과를 기대할 수 없는 일에 얽매이지 않으려 합니다. 그들은 교회를 증식하려는 생각을 가지고 있습니다. 그들은 사람들을 그리스도에게로 인도하기를 원합니다. 그들은 자신의 교회가 성장해야 한다고 생각합니다. 이런 목표에 도달하지 못하는 것은 그들에게 용납될 수 없습니다. 이처럼 **사람들** 자체가 교회 성장의 근본 이유가 되기도 합니다.

성장의 장애물

안: 교회가 성장하는 이유를 설명하는 단서가 있다면, 반대로 교회가 성장하지 않는 이유를 설명하는 단서도 있습니까?

맥: 결정적인 단서는 지도자들이 비생산적인 일에 얽매이는 것입니다. 모든 교회에는 항상 할 일이 많습니다. 평신도든지 목회자든지 간에 많은 지도자가 복음 전파와 거의 관련이 없고, 잃은 자들을 찾는 일과는 아무 관련이 없는 프로그램에 묶여 있습니다. 목회자는 교회가 성장하든지 성장하지 않든지 상관없이 '화려한 일'에 빠질 수 있습니다.

> "계속되는 회의와 위원회 모임 등 끊임없이 '바쁜 일'의 덫에 빠질 수 있습니다."

안: 그리고 평신도들도 계속되는 회의와 위원회 모임 등 끊임없이 '바쁜 일'의 덫에 빠질 수 있습니다.

맥: 맞습니다. 그들은 교회를 돌보거나, 마루에 카펫을 깔거나, 교회 공과금을 정리하거나, 페인트를 칠하는 일을 할 수 있습니다. 그들은 교회가 지역 사회에 어떻게 영향력을 미칠 수 있는지, 또는 교회 주변을 기웃거리지만 한 번도 들어오지 않는 수많은 사람에게 어떻게 접근해야 하는지에 관해서 전혀 관심을 가지지 않은 채 얼마든지 다양한 일을 할 수 있습니다.

안: 지도자들이 기존의 비생산적인 일에 얽매여 있는 한 교회는 성장하지 않습니다. 다음으로 넘어가지요.

맥: 교회가 성장하지 않는 또 다른 이유는 교회에서 성취된 성장 정도를 파악하기 위해 현재 무엇이 진행되고 있는지 확인하는 사람이 아무도 없기 때문입니다. 아무도 측정하지 않습니다. 확실하게 아는 사람이 아무도 없고, 교회는 계속 안개 속에서 운영됩니다. 성장에 대한 의식이 없기 때문에 어느 것도 측정되지 않습니다.
만일 슈퍼마켓이 그런 식으로 운영된다면 파산하고 말 것입

니다. 슈퍼마켓 관리자는 가게가 이익을 내고 있는지, 어떤 진열대의 상품이 반품되고 있는지 꼼꼼하고 규칙적으로 점검합니다.

교회도 제가 '교인 회계'(membership accounting)라고 부르는 것이 필요합니다. 교회는 정기적으로 재정 감사를 받지만, 교인 감사를 받는 경우는 그리 많지 않습니다. 하지만 교인들이 어디에서 오고 어디로 가는지를 알아내기 위해서 꼭 필요한 것이 바로 이것입니다.

안: 교회의 성장 패턴을 아는 것과 진행되고 있는 활동들이 실제로 생산적인지 아닌지를 파악하는 것이 중요하다는 말씀이군요.

맥: 많은 교회가 자기들은 언젠가 교회 성장으로 이어질 수 있는 활동을 하고 있다고 생각합니다. 그들은 자신의 노력이 결국 성장으로 이어질 거라고 믿고 아주 완벽히 안심하고 있습니다. 활동이 지금 당장 성장으로 이어질지는 중요하게 여기지 않습니다. 만약 교회가 이런 태도를 보이면 십중팔구 성장하지 않습니다. 사실 지금부터 5년, 10년 또는 15년 후에 성장으로 이어질 것 같이 보인다면 실제로는 교회 성장으로 이어질 가능성이 거의 없다고 봐야 합니다. 교회 지도자들은 **현재의 결과**를 기준으로 그들의 노력을 끊임없이 평가해야 합니다. 우리는 다음과 같이 물어야 합니다. "우리는 실제로 다음 6개월 또는 6주, 어쩌면 다음 6일 안에 결과를 내기 위해 일하고 있는가?"

장벽을 넘지 않고

안: 잠시 화제를 바꿔보겠습니다. 박사님은 전 세계에서 일어나는 교회 성장에 관한 연구에 기초해 사람들이 장벽을 넘지 않고 그리스도인

이 되기를 원한다고 말씀하셨습니다. 우리가 반응적인 사람들을 찾을 때 장벽에 관한 이 원리를 미국에도 적용할 수 있습니까?

맥: 그렇습니다. 이것은 아주 일반적인 원리이며, 모든 곳에 적용할 수 있습니다. 저는 이 원리를 로스앤젤레스, 시카고, 마이애미에서 적용할 수 있다고 확신합니다. 그것은 미국 어느 곳에서나 적용 가능합니다.

안: 만일 이 원리를 미국에 적용한다면 어떤 장벽들을 말할 수 있을까요? 그리고 그것들은 그리스도인이 되는 사람들에게 어떤 영향을 미칠까요?

맥: 교육, 부(富), 고용과 같은 것들이 장벽이 될 수 있습니다. 도시의 한 지역에는 대학에 다니는 사람들이 살고 있습니다. 다른 지역에는 공장에서 일하는 사람들이 있습니다. 이탈리아인 지역, 아일랜드인 지역, 독일인 지역이 따로 있습니다. 이처럼 도시는 여러 지역으로 구분됩니다. 한 지역을 담당하고 있는 교회는 다른 지역에서 온 사람들이 참석하는 것을 기대할 필요가 없습니다.

> 사람들은 장벽을 넘어가지 않고 자신의 사회적 집단 안에서 그리스도인이 되는 것을 좋아한다.

당신은 그 장벽을 볼 수 없습니다. 사람들은 그런 장벽의 존재를 부정할 것입니다. 그러나 그것들은 변함없이 그곳에 있습니다. 대학교수들은 자신들이 공장 노동자들을 사랑한다고 말할 것입니다. 저는 그들이 진짜로 사랑한다고 믿습니다. 하지만 실상을 보자면, 공장에서 일하는 사람들은 주로 대학교수들로 구성된 교회에 참석했을 때 편하지 않을 것입니다. 대학교수들이 이해할 수 있는 설교는 노동조합에 속한 사람들에게 제대로 전달되지 않습니다. 두 집단 사이에는 큰 차이가 있습니다. 장벽이 있는 거지요. 사람들은 장벽을 넘어가지 않고 자신의 사회적 집단 안에서 그리스도인이 되는 것을 좋아합니다.

안: 하지만 우리는 지금까지 미국이 일종의 '용광로'(melting pot)와 같다고 배우지 않았나요? 우리 모두는 아주 큰 행복한 가족이고, 따라서 거기에는 어떤 장벽도 없다고 믿고 있지 않습니까?

맥: 그것이 일반적인 믿음이지만, 사실은 아닙니다. 실제로 많은 차이점이 존재하고 있고, 많은 사람이 이 차이점에 대해 자부심을 느끼고 있습니다. 우리는 교회 성장이 그 사람들 가운데서 계속되어야 한다는 점을 기억해야 합니다. 우리는 그들과 타협해야 합니다. 하나님의 영광을 위해 차이점을 활용해야 합니다. 이런 장벽이 복음 전파를 멈추게 해서는 안 됩니다.

안: 사도 바울이 말한 바처럼 십자가 자체가 장벽 또는 '걸림돌'(갈 5:11)이 되지 않겠습니까?

맥: 아, 그렇지요. 십자가, 회개, 세례, 알고 있는 죄를 포기하는 것, 이 모든 것이 성경에서 말하는 장벽이고, 그것들은 항상 있어야 합니다. 사람들에게 이 장벽들을 넘어가라고 요구해야 하고, 단지 그렇게 한 사람만이 하나님의 가족이 될 수 있습니다. 하지만 비성경적인 장벽들이 설치되어서는 안 됩니다. 우리가 허물어야 하는 것은 비성경적인 장벽들입니다. 우리는 그리스도인이 되라고 사람들을 초대할 때 그들이 언어, 문화, 계급, 부, 생활양식의 장벽을 넘지 않아도 그리스도인이 될 수 있음을 이해해야 합니다. 모든 사람은 자신과 같은 부류의 사람들과 함께 그리스도인이 될 수 있어야 합니다.

안: 제 생각에, 비성경적이고 불필요한 장벽들이 제거됨에 따라 수용성이 높아져야 할 것 같습니다.

맥: 예, 그래야지요. 모든 교회에 장벽이 있지만, 그것들은 제거될 수 있습니다. 이 문제에 관해서 제가 한 감리교 감독과 토론한 적이 있습니다. 그가 맡은 교회들은 애팔래치아 출신의 수많은 가난한 사람들이 공장에서 일하기 위해 찾아온 중부 산업 도시들에 있었습니다. 그런데 애팔래치아 사람들은 감리교회에 가지 않고 있었습니다. "이유가 무엇이었을까요?" 감독이 제게 물었지요. 저는 틀림없이 치고 대답했는데, 그리스도께서 감리교인들을 넘치도록 축복하셔서 그들이 너무 말쑥하고, 법을 잘 지키고, 친절하며, 훌륭하고, 유복한 삶을 살고 있었기 때문에 애팔래치아 출신의 동료 미국인들이 그들과 함께 있는 것을 불편하게 느꼈을 것이라는 내용이었습니다. 교회가 애팔래치아 출신의 새 신자들 가운데 세워질 필요가 있었습니다. 설교도 애팔래치아인이 하고, 집사, 장로도 애팔래치아인들로 임명된 그런 교회 말입니다. 그러면 모두가 교회 안에서 편안하게 느낄 것입니다.

안: 복음을 전할 때 어떤 교회들은 사회의 한 영역에 집중하고, 다른 교회들은 다른 영역에 집중하는 게 좋다는 말씀인 거죠?

맥: 예, 저는 이런 방식이 옳다고 생각합니다.

안: 하지만 그것은 인종 분리가 아닌가요? 교회는 이런 식으로 하면 안 되잖습니까!

맥: 자기 자랑, 교만, 배타적인 태도, 인종 분리, 이런 것들은 분명히

죄악입니다. 하지만 저는 지금 뭔가 다른 것에 관해 말하고 있습니다. 사람들은 자기와 같은 부류의 사람들과 함께 있기를 좋아한다는, 지극히 평범하고, 자연스럽고, 단순한 사실을 말하고 있는 것입니다.

안: 사람들이 편안함 때문에 자기와 같은 부류의 사람들이 있는 교회에 마음이 끌리는 것은 지극히 자연스러운 현상입니다.

맥: 자연스럽고 정상적이기 때문에 끌리는 것입니다. 우리의 전략은 사회의 모든 영역에 교회를 세우는 것이어야 합니다. 그렇게 함으로써 모든 영역의 사람들이 편안하게 느끼면서 예배하고 활동할 수 있도록 말이지요.

안: 만일 제가 목사로서 비성경적인 장벽들을 제거하려고 노력하면 제 교회의 반응성이 높아질 거라고 확신할 수 있을까요?

맥: 그런 노력은 반응성을 높이는 데 도움이 됩니다. 물론 반응성에 영향을 미치는 요소가 많이 있습니다. 단지 장벽을 제거한다고 해서 교회 성장이 이루어지지는 않습니다. 뜨거운 열정, 믿음, 기도, 관심과 같은 요소들이 있어야 합니다. 그리스도인들은 예수 그리스도를 알지 못하는 사람들이야말로 정말 잃은 자들이라는 사실을 믿어야 합니다. 하지만 만일 비성경적인 장벽들이 제거된다면 더 큰 반응을 끌어내는 데 도움이 될 것입니다. 사람들은 자신이 편하게 느끼는 곳으로 갈 것입니다.

동질집단들로 이루어진 모자이크 사회

안: 대화를 시작하면서 처음에 박사님은 모자이크와 같은 사회에서 뚜렷하게 수용적인 영역에 복음을 선포하는 것이야말로 교회가 성장하는 이유 가운데 하나라고 말씀하셨습니다. 여기에서 박사님이 말씀하시는 내용은 사회가 많은 동질집단(homogeneous groups)으로 구성된 모자이크임을 인식하는 정도에 따라 반응성이 증가한다는 것 같습니다.

맥: 그렇습니다. 모든 사회는 많은 영역으로 구성되어 있습니다. 많은 다양한 공동체가 더 넓은 사회 공동체 안에서 살아가고 있습니다.

안: 교회 성장에 관해서 생각할 때 동질집단의 중요성도 함께 고려해야겠군요.

맥: 동질집단에 관해서 좀 더 생각해 봅시다. 어떤 동질집단은 민족적인 특성을 띠고 있습니다. 이렇게 말씀드리면 흑인, 멕시코계 미국인, 중국계 이민자, 일본계 이민자를 떠올릴 것입니다. 하지만 백인 중에도 많은 민족 집단 또는 상당히 민족적인 집단들이 있습니다. 서부 해안지역에 있는 한 동질집단은 지난 이삼십 년 동안 남부 주(州)에서 이주한 사람들로 구성되어 있습니다. 그들의 남부 억양을 들으면 사람들은 쉽게 그들을 분별할 수 있습니다. 이 거대한 동질집단의 존재는 부분적으로 캘리포니아에서 어떻게 남침례교가 그토록 놀랍게 성장했는지를 설명해 줍니다. 남침례교회들이 캘리포니아에 세워지기 시작하자 남부인들은 이렇게 생각했습니다. "아, 여기에 우리에게 맞는 교회가 있구나. 목사가 제대로 설교하는군." 설교자는 다른 기존 교회들과 같은 교리를 설교했을 테지만, 아마도

그는 남부인 특유의 느린 말투로 설교했을 것입니다. 그의 말투는 남부인들에게 매우 친근하게 들렸을 것입니다. 이런 이유로 남침례교회들이 캘리포니아에서 쉽게 증식될 수 있었습니다.

독특한 동질집단의 예를 하나 더 들자면, 반문화적 특성이 있는 히피들을 들 수 있을 것입니다. 이 집단은 대부분의 '엄격한' 교회들이 전혀 영향을 끼치지 못하는 사회 집단이었습니다. 이들은 일반 사회로부터 완전히 분리되어 있어서 주변의 '엄격한' 교회들이 전하는 복음을 들을 수 없었습니다. 그런데 최근에 히피 문화를 받아들인 많은 교회가 반문화적 정서를 가진 사람들 가운데 교회를 세우기 시작했습니다. 히피들은 이런 교회에서 편안함을 느낍니다. 그들의 머리와 의복 스타일이 받아들여짐으로써 편안함을 느낄 수 있게 된 것입니다.

안: 그들은 고지식하고 엄격한 개신교회들에서 편안함을 느낄 수 없었을 것입니다. 엄격하고 보수적인 성향의 교회가 그들의 예배와 행동 방식을 고쳐서 그런 반문화적인 사람들의 관심을 끌 수 있을까요? 비슷한 방식으로, 한 부류의 사람들로 구성된 교회가 의도적으로 다른 부류의 사람들에게 복음을 전할 수 있는지에 관한 질문을 제기할 수도 있을 것입니다. 과연 그런 노력이 성공할 수 있을까요?

맥: 제 생각에는 가능합니다. 물론 간격이 크면 클수록 어려움도 커지겠지요. 많은 작은 간격이 존재할 수 있고, 실제로 존재하고 있기도 하지만, 얼마든지 둘 사이의 간격을 성공적으로 메울 수 있습니다. 그러려면 무엇보다도 먼저 그리스도인들이 이런 간격을 인지하고 그 둘 사이를 연결하겠다고 결심해야 합니다.

안: 교단 중에는 미국에 이민 온 집단들 가운데 세워진 교단들이 많

습니다. 그 교단들은 독일 형제단(German Brethren), 스웨덴 루터교(Swedish Lutherans), 구 메노파(Old Mennonites) 등과 같이 민족적으로나 언어적으로 매우 친밀하게 결합한 공동체가 되었습니다. 이런 교단들도 뚜렷한 성장을 기대할 수 있습니까?

맥: 매우 흥미로운 사례는 스웨덴 침례교입니다. 1940년대까지 이 교단 사람들은 자신들을 스웨덴 침례교인이라고 불렀습니다. 교인들은 대부분 스웨덴 출신이었지요. 그런데 1920년대부터 1940년대 사이에 그 교단은 거의 성장하지 않았습니다. 주류로부터 소외된 특정 부류의 사람들이 계속 빠져나갔습니다. 결국 1940년대에 이르러 스웨덴 침례교는 자신을 새롭게 탈바꿈했습니다. 그들은 교단 이름을 침례교 총회(General Conference Baptists)로 바꾸고, 많은 선교사를 파송하고, 교회들을 개척하고, 일반 미국인들을 대상으로 복음을 전했습니다. 그 결과 지난 30년 동안 그들의 교세는 배가되었고, 주님께서 축복하심으로 크게 번성하게 되었습니다. 하지만 이런 결과를 얻기 위해서 그들은 의도적이고 헌신적인 노력을 기울여야 했습니다.

교회의 고유한 성격

안: 제가 목회할 때 저는 교회가 개인과 같이 자신의 고유한 성격을 지니고 있다는 사실을 발견했습니다. 박사님은 이것을 알고 계셨나요?

맥: 예, 그렇습니다. 교회들은 여러 교단을 보든지, 아니면 각 교단을 보든지 간에 저마다 뚜렷한 성격을 지니고 있습니다. 어떤 교회들은 밝고 다정한데, 어떤 교회들은 그렇지 않습니다. 어떤 교회들

은 용기가 있는데, 어떤 교회들은 그렇지 않습니다. 어떤 교회들은 잠자고 있는데, 어떤 교회들은 완전히 깨어 있습니다. 교회에는 저마다 분명한 성격이 있습니다.

안: 저는 교회가 자신의 성격, 다시 말해서 자신의 장점과 약점을 발견하고 장점을 활용할 때 더 튼튼한 교회가 될 수 있다고 확신합니다. 한 개인이 자신의 본 모습을 잃고 다른 누군가를 흉내 내려고 할 때 약해지는 것처럼, 교회 역시 자신의 것이 아닌 다른 교회의 성공적인 프로그램을 흉내 내거나 모방할 때 약해지게 됩니다. 저는 많은 교회가 이런 약점을 가지고 있는 것을 보았습니다. 그러니까 자기 교회가 속한 지역 사회에 복음을 전하기 위해 하나님께서 그 교회에 주신 고유한 성격을 발견하고 사용하지 않는 약점을 말하는 거지요. 성격은 성장, 반응성과 밀접한 관련이 있습니다.

맥: 사람들은 솔직하고, 다정하고, 상냥한 사람에게 매력을 느끼는 것처럼, 개방적이고, 친근하고, 친절한 교회에 매력을 느낍니다. 교회는 사람보다 더 쉽게 성격과 관련된 특징을 바꿀 수 있습니다. 교회는 내향적이고, 차갑고, 고립적인 성격을 가져서는 안 됩니다. 개방적이고 친절해야 합니다.

안: 교회는 자기 교인들과 같은 부류의 사람들에게 매력적일 수 있습니다. 하지만 지역 사회에 그런 부류의 사람들이 더는 존재하지 않을 때 성장은 심각하게 제한될 수 있습니다. 만약 그런 상황에서도 계속 성장하기를 원한다면, 그 사회의 다른 계층을 뚫고 들어가야 합니다. 그런데 우리가 복음을 전하는 대상을 우리의 도시와 인근 지역에서 우리와 닮은 반응적인 사람들로 제한해야 합니까? 그렇게 하면 한 가지 문제가 야기될 수 있습니다. 만일 제가 복음을 전하려

는 반응적 영역을 저와 유사한 동질적 집단으로 제한한다면, 어떻게 제가 복음을 전 세계로 확산할 수 있겠습니까?

세 종류의 전도

맥: 전도를 세 가지 종류를 나눌 수 있습니다. 자기와 같은 부류의 사람들에게 복음을 전하는 사람이라면, 그는 'E-1 전도'(Evangelism One)를 행하고 있는 것입니다. 그는 자신의 지인, 친구, 사업 동료, 삼촌과 이모, 자매와 사촌에게 복음을 전하며, 자신의 동아리, 같은 직장 또는 같은 사무실에 있는 사람들에게 복음을 전할 것입니다. 여기에는 비체계적이고 임의적인 전도가 잘 먹힙니다.

그런데 당신이 사는 동네에는 당신이 거의 만나지 않는, 사회의 다른 영역에 속한 다른 동질집단들이 있습니다. 만일 당신이 그 집단에 속한 사람들을 교회로 초청한다면 그들은 오지 않을 것입니다. 만약 온다면 자신과 같은 부류의 사람들이 그곳에 없기 때문에 마음이 편치 않을 것입니다.

안: 제 생각에 우리 모두에게는 비슷한 상황에서 마음이 편치 않았던 경험이 있을 것입니다.

맥: 그들을 위해서는 다른 종류의 전도가 필요한데, 우리는 그것을 가리켜 'E-2 전도'(Evangelism Two)라고 부릅니다. E-2 전도의 대상자들은 여전히 당신의 마을에 살고 있습니다. 그들은 당신처럼 영어를 사용하며, 여전히 미국인입니다. 하지만 그들에게는 뭔가 다른 점들이 있습니다.

안: 교회가 지역 사회에서 'E-2 전도'를 하려면 어떻게 해야 할까요?

맥: 일정한 문화 장벽 저편에 사는 사람들에게 복음을 전하려면 의식적인 노력이 필요합니다. 그런 전도는 저절로 되지 않습니다. 의도적인 전도 활동이 필요합니다. 게다가 그런 사람들은 당신의 교회에 왔을 때 특별하게 환영해줘야 합니다. 그리고 같은 부류에 속한 다른 사람들을 되도록 빨리 전도하는 것이 중요합니다. 만일 오래된 신자들이 기존의 태도를 바꿔 새 신자들에게 친절한 모습을 보인다면 크게 도움이 될 것입니다. 하지만 그것만으로는 충분하지 않습니다. 누구나 자기와 다른 영역에 속한 사람들을 자기 집처럼 편안하게 느끼도록 노력해야겠지만, 문화적으로 삶의 방식이 다르면 그 누구도 완벽하게 할 수 없습니다. 그들에게는 가급적 빨리 그 영역에 속한 사람 중에서 15명, 20명, 50명 또는 100명의 새 신자를 확보해 주는 것이 필요합니다. 그러면 그 교회를 그들의 교회로 느껴질 것입니다.

> 세 종류의 전도
> 1. E-1 전도
> 2. E-2 전도
> 3. E-3 전도

안: 'E-2 전도'를 시작하는 한 가지 좋은 방법은 가정에서 하는 성경 공부일 것입니다. 사회의 다른 영역에서 튼튼하게 성장하면서 어느 정도 문화적 정체성을 유지하는 작은 그룹을 말하는 거지요.

맥: 예. 더 정확히 말하자면, 가정에서 이루어지는 성경 공부 또는 가정 교회 안에서는 사회의 다른 영역에서 온 새 그리스도인들이 그룹의 3분의 1 또는 절반 정도를 형성할 수 있고, 덜 불편하게 느낄 것이기 때문입니다. 정상적인 친교 과정은 이 집단이 교회와 연결될 수 있도록 도울 것입니다. 지역 사회 전체에 퍼진 다수의 가정교회는 문화적 간격을 메워주는 가장 좋은 방법의 하나입니다. 만일 이 'E-2

전도'가 성공적으로 이루어지면 사회의 다른 영역에 새 교회들을 세울 수 있을 것입니다.

안: 그것에 관해 좀 더 설명해 주실 수 있습니까?

맥: 최근에 텍사스 주 댈러스에 사는 제 친구 목사에게서 온 한 편지를 보면 그것을 분명히 알 수 있습니다. "교회 성장을 공부해 본 결과 난 우리 지역에 사는 쿠바인들이 가장 중요한 전도 대상자라는 결론에 이르렀다네. 우리의 노력은 우리의 생각을 입증해 주었다네. 우리는 그들에게 관계에 대한 열망과 복음적 기독교 신앙에 대한 열린 마음이 있다는 것을 알게 된 거지. 우리 교회는 5단계 계획을 시작했는데, 그 계획을 통해서 점차 자립하는 교회가 되기를 희망했던 걸세. 우리는 쿠바인들이 우리 시(市)에 1,500명, 카운티에 2,100명이 살고 있다는 사실을 알게 되었다네. 우리는 우리가 서너 개의 교회를 개척할 수 있다는 소망이 절대로 지나치지 않다고 확신하고 있다네. 교회 성장형 시각(Church Growth Eyes), 곧 교회 성장에 관해서 현실적으로 사고하는 능력을 통해서 우리는 거대한 기회를 보게 되었다네."

안: 'E-3 전도'(Evangelism Three)는 무엇입니까?

맥: 'E-3 전도'는 언어와 인종, 부와 교육의 차이가 있는 곳에서 수행됩니다. 그것은 아프리카, 싱가포르, 일본과 같은 곳에서 하는 전도입니다. 'E-3 전도'를 행하려면 교회는 특별한 훈련을 받은 선교사들을 파송해야 합니다.

우리는 우리의 이웃과 친구들을 'E-1 전도' 방식으로 전도합니다. 사회의 새로운 영역에 복음을 전하기 위해서는 'E-2 전도' 방식을 사용합니다. 그리고 우리의 아들과 딸이 'E-3 전도' 방식으로 복음을 전하는 선교사가 되어 해외로 나가도록 기도합니다. 이 세 가지 전도 유형은 모두 중요하고 필요합니다.

안: 훌륭한 성경의 지혜처럼 들리는군요. 성경에 보면 "~까지 이르러 내 증인이 되리라"(행 1:8) 하지 않았습니까?

맥: "예루살렘과 온 유대와 사마리아와 땅끝까지 이르러"라고 말씀했지요.

변화에 대한 반응

안: 목회자들이 종종 제게 이런 질문을 하더군요. "내 교회가 한때 반응적인 지역이었지만 시간이 흐르면서 지역 사회가 달라진 곳에 있다고 가정해 보십시오. 현재 우리가 속한 지역 사회는 절대 우리가 계획한 사역에 전혀 반응하지 않는 것처럼 보입니다. 그런데도 우리 교회는 계속 그곳에 있어야 합니까, 아니면 그곳을 떠나야 합니까?"

맥: 그것에 대해서는 여러 가지 대답이 가능하고, 또한 그것과 관련된 요소도 많아서 무엇을 말해야 할지 모르겠군요. 하지만 몇 가지 생각을 말해보도록 하겠습니다. 만일 교회가 더는 사람들의 마음을 끌지 못한다면, 지도자들은 사역 개선이 필요한지 자문해 봐야 합니다. 사역이 틀에 박힌 채 진행되고 있을 가능성이 큽니다. 때때로 반응이 있다고 할지라도 사용된 방법이 그것을 망치는 경우가 많지요. 교회가 변화하는 환경에 적응하기 위해 융통성을 발휘한다면 희망적입니다. 물론 백인 지역이 멕시코계 미국인들의 지역으로 바

꾸는 상황을 고려할 필요가 있을 것입니다. 캘리포니아 남부 지역은 그곳에 오랫동안 살고 있던 백인 거주자들이 떠나고 라틴계 사람들이 홍수처럼 밀려오고 있습니다. 오래된 백인 교회들은 죽어가는 포도나무와 같습니다. 저는 미시간 주 북부 지역에서도 같은 현상을 보았습니다. 그곳에 오랫동안 살아왔던 주민들은 공업 도시로 이주했고, 새로 유입된 이주민들-주로 남부 유럽에서 온-은 기존 교회에 등록하기를 원치 않습니다. 결국 30년 이상 오래된 교회들은 사라지게 되는 거지요.

주변 지역의 변화는 분명히 어려운 상황입니다. 하지만 교회가 사라져서는 안 됩니다. 그 지역에서 오래된 교회들은 새 주민들을 전도하여 교회 안으로 유입하기 위해 최선을 다해야 합니다. 이 상황에 관해서는 나중에 '변화에 직면한 교회'라는 제목이 붙은 장(9장)에서 다시 논의해 봅시다.

안: "이 교회는 지금까지 내 교회였습니다."라고 말하는 사람들에 대해서는 어떻게 생각하십니까? 그들은 자신들이 가지고 있던 권력의 일부를 포기해야 하는 건가요?

맥: 당연히 그래야 합니다. 만약 그들이 교회 운영의 책임을 공유하지 않는다면 사람들이 그 교회로 오는 것을 기대할 수 없을 것입니다. 사람들은 장벽을 넘지 않고 그리스도인이 되기를 좋아할 뿐만 아니라 나름대로 자기 목소리를 낼 수 있는 교회에 속하기를 좋아하기도 합니다. 그들 중 어떤 사람들은 집사, 교사 등 평신도 사역자가 될 수 있을 것입니다. 새 신자들은 정당한 긍지를 가지고 이렇게 말할 수 있어야 합니다. "이 교회는 저의 교회입

> 사람들은 장벽을 넘지 않고 그리스도인이 되기를 좋아할 뿐만 아니라 나름대로 자기 목소리를 낼 수 있는 교회에 속하기를 좋아하기도 한다.

니다. 저와 같은 부류의 사람들이 교회 운영의 책임을 공유하고 있지요."

부분적으로, 지배권을 포기하는 것이 문제가 될 수 있습니다. 저는 오하이오 주 북동부 지역에 있는 한 작은 교회에서 설교한 적이 있습니다. 그곳에 세워진 지 백 년도 더 되는 교회였습니다. 오랫동안 대여섯 가족이 교회 지배권을 쥐고 있었습니다. 그런데 그 부근에 산업도시가 들어서면서 이 농촌 교회는 그 한 가운데 놓이게 되었습니다. 목회자는 최근에 그 부근으로 이사 온 사람들을 자기 교회에 나오게 하려고 애를 썼지만, 교회에 온 사람마다 몇 주 지나지 않아 모두 떨어져 나갔습니다. 문제의 핵심은 교회가 대여섯 가정에 의해 지배되는 데 있었습니다.

하지만 몇 년 후 제가 그곳을 재방문했을 때는 교회가 사람들로 넘쳐나는 것을 보았습니다. 담임목사와 이야기를 나누면서 저는 이렇게 물었습니다. "어떻게 위기를 극복하셨습니까?"

그러자 그는 이렇게 말했습니다. "부흥회를 열었습니다. 주일예배 출석 인원이 106명이나 되었고, 새로 들어온 사람들이 옛 감시자들을 압도하게 되었지요! 새 임원들이 선출되고, 교회학교 교사들이 새로 임명되었습니다. 그때부터 교회는 새로 유입된 사람들의 교회가 되었습니다."

저는 "옛 감시자들이 무척 화가 났겠군요."라고 말했습니다.

그러자 그는 말하기를, "아니, 오히려 기뻐했습니다. 그들이 현실을 기쁨으로 받아들이자 결국 교회는 그들의 교회가 되기도 했습니다."라고 했습니다. 이거야말로 신나는 일 아닙니까?

반응성에 대한 전략

안: 정말 멋진 이야기입니다! 저는 지금 박사님이 말씀하신 내용을 교회 안에 있는 젊은이들에게 적용해서 설명해 보고 싶습니다. 일반적으로 교회의 실권자들은 젊은이들을 홀대하는 경향이 있습니다. 그리고 그들은 한곳에 쉽게 정착하지 못하는, 표류하는 집단입니다. 하지만 그들이 교회에 통합되어 리더십을 맡게 된다면 그 교회를 자신의 교회로 느낄 것입니다. 이제 대화의 주제를 **정말** 반응이 없는 영역(non-responsive areas)으로 전환해 보죠. 그런 영역은 어떻게 다뤄야 할까요?

맥: 영구적으로 반응이 없는 영역인 것처럼 보이는 곳에 주의해야 합니다. 우리는 하나님께서 그들을 자신에게로 돌이키시도록 기도해야 합니다. 어쩌면 그들이 기본적으로 반응적인 사람들이었는데 우리가 그들을 간과했는지도 모릅니다. 우리가 그 반응성을 열어 줄 올바른 방법 또는 올바른 사람을 찾지 못한 것이 진짜 문제일 수도 있습니다. 비록 지금은 반응적이지 않더라도 그들은 미래에 얼마든지 반응적인 사람으로 바뀔 수 있습니다. 어떤 영역도 단념하지 마세요. 성령께서 저항적인 사람들을 수용적인 사람으로 변화시키도록 계속 기도해야 합니다.

안: 만약 우리가 반응성을 발견했다면 교회 전략의 주요 강조점을 거기에 두어야 한다고 생각하십니까?

맥: 그렇습니다. 우리는 하나님께서 준비하신 추수할 들판에 집중해야 합니다. 무언가 필요를 채워줘야 할 사람들을 발견하면 복음으로 그들을 섬겨야 합니다. 누군가 무르익어 준비되었다면 그것은 우

연히 이루어진 일이 아닙니다. 그들은 하나님의 목적에 의해 그렇게 된 것입니다. 사실 다양한 요소가 그들에게 작용합니다마는, 누가 그 요소를 만들어 냅니

> **우리는 하나님께서 준비하신 추수할 들판에 집중해야 한다.**

까? 반응성은 "가서 거기에서 증언하라. 한 교회가 탄생을 기다리고 있다."라고 말하면서 그 지역 주민들을 가리키는 하나님의 손가락을 의미합니다. 교회는 이 점을 명심해야 합니다.

4장
교회 성장의 측정

안: 이번에는 어떻게 교회가 성장하는가에 관한 내용으로 대화를 시작해 보겠습니다.

교회 성장의 방식들

맥: 교회는 생물학적 성장, 이동 성장, 회심 성장이라는 세 가지 방식으로 성장합니다. 생물학적 교회 성장이란 그 성장이 가족 안에서 일어나는 것을 의미합니다. 예를 들어 신실한 그리스도인들인 부부에게 3명의 자녀가 있다고 가정해 봅시다. 시간이 지나 이 3명의 자녀가 자라서 그리스도를 고백하고 교회의 정식 교인이 되겠지요. 그러면 그리스도인 숫자가 2명에서 5명으로 늘어나게 됩니다. 이것이 바로 생물학적 성장인데, 상당히 유익하고 중요한 성장입니다! 성경은 우리에게 "주의 교양과 훈계로" 자녀를 양육하라고 명하고 있습니다(엡 6:4). 그러나 생물학적 성장만으로는 결코 세상의 모든 사람을 그리스도에게로 이끌 수 없습니다.

안: 생물학적 방법으로 이룰 수 있는 교회 성장률은 어느 정도 된다고

보십니까?

맥: 그것은 인구성장률에 달려 있습니다. 세계의 일부 지역에서는 인구 성장률이 10년에 20% 또는 1년에 2%입니다. 미국에서는 가족계획과 인구증가 억제에 중점을 두고 있어 더 낮을 것입니다. 성장률은 또한 지역 사회의 이동성에 달려 있지만, 어쨌든 생물학적 성장은 대규모 성장이 아닙니다. 교회가 이 성장에만 의존하는 것은 자살 행위와 다름없습니다!

안: 실제로 우리 주변에는 '죽은' 교회가 너무 많습니다. 하지만 그 어떤 이유에서도 자살은 용납될 수 없습니다. 그렇다면 이동 성장은 어떻습니까?

맥: 이동 성장은 사람들이 한 지역에서 다른 지역으로, 시골에서 도시로, 또는 그 반대로 이동할 때 발생하는 성장입니다. 도시교회들은 좀 더 크게 성장하고 농촌 교회들은 좀 더 작게 성장하겠지요. 이것이 이동 성장입니다. 만약 제가 5달러를 이쪽 주머니에서 저쪽 주머니로 옮긴다면, 한쪽 주머니는 좀 더 두둑해질 테고 다른 쪽 주머니는 홀쭉해질 것입니다. 하지만 총액은 달라지지 않습니다.

안: 이동 성장은 항상 한 교회의 증가와 다른 교회의 감소를 동시에 유발하는군요. 그래서 결국 전체적으로는 그리스도의 몸, 곧 교회의 실제적인 성장이 일어나지 않는 것이고요.

맥: 이동 성장은 나름 유익한 성장입니다. 우리는 교회를 떠나는 사람들이 다른 교회로 옮겨 계속 신앙생활을 유지하는 것을 이해해야 합니다. 하지만 이동 성장이 세상 사람들을 그리스도에게로 인도하

지는 않습니다.

안: 이동 성장은 교회가 마치 성장하는 것처럼 보이게 하는 것 같습니다.

맥: 하지만 그것은 눈속임에 불과합니다. 목회자가 단순히 교회로 유입되는 그리스도인들을 모아서 교인 수를 늘리는 목회를 추구할 때 그것이 기분을 좋게 만들 수는 있겠지만, 그가 실제로 구원받은 사람의 수를 늘린 것은 결코 아닙니다.

이제 자연스럽게 세 번째 종류의 교회 성장으로 이어지는데, 저는 그것을 회심 성장이라고 부릅니다. 사람들은 이 회심 성장을 통해서 처음 예수 그리스도를 알게 됩니다. 회심 성장은 실제로 교회에 구원받은 사람의 수를 크게 더하는 유일한 성장입니다.

안: 만약 우리가 성장한다면, 회심을 통해서 사람들이 구원받도록 하는 데 초점을 맞춰야겠군요.

맥: 그렇습니다. 그 점에 대해서는 의문의 여지가 없습니다. 모든 교회는 회심 성장을 추구해야 합니다. 이동 성장과 생물학적 성장에 의해서 어떤 교회의 교인 수가 상당히 증가했다고 하더라도 현재 회심으로 성장하지 않는 한 만족해서는 안 됩니다. 만약 회심이 없다면 앞으로 미국 교회는 계속해서 쇠락할 것입니다.

> 모든 교회는 이동 성장이 아니라 회심 성장을 추구해야 한다.

안: 그러면 누군가 이렇게 말할 수도 있겠네요. "우리가 사람들을 계속 회심시키면 곧 불신자들이 다 없어지겠군요."

맥: 남침례교에 속한 제 친구 한 사람은 자신의 교단이 이룬 놀라운 성장과 미래의 전망에 대해 말할 때 이렇게 말하곤 했습니다. "글쎄요, 1990년에는 미국 남침례교인이 현재의 인구보다 많을 것입니다!" 진지하게 말해서, 엄청난 수의 사람들이 그리스도와 떨어져 살고 있습니다. 그들은 결코 교회를 방문하지 않습니다. 어떤 지역에서는 인구의 10%만이 활동적인 그리스도인입니다. 어떤 지역에서는 50%일 수도 있습니다. 미국에는 아직도 그리스도를 알지도 사랑하지도 않는 수많은 사람이 있습니다.

안: 제가 정리해서 다시 말해보겠습니다. 누구든지 만일 건전한 성장을 원한다면 예수 그리스도를 알아야 하는 사람들에게 초점을 맞춰야 합니다.

맥: 맞습니다.

안: 만약 사람들이 교회에 들어오는 방식에 관해서 아는 것이 가치 있다면, 사람들이 교회를 떠나는 방식에 관해서 아는 것도 가치도 있어야 할 것입니다.

맥: 그렇습니다. 이 정보는 교회의 뒷문이 어디에 있는지를 알려준다는 점에서 유용합니다. 사람들은 죽음, 이사, 배교 등의 이유로 교회를 떠나는데, 우리는 이 중에서 어느 것이 주요 원인인지 알아야 합니다. 또한 우리는 어느 연령대가 관심을 잃고 있고 어떤 그룹이 신앙을 저버리는지 알아야 합니다. 교회에 등록한 새 신자들이 6개월도 안 돼서 안 보입니까? 아니면 청소년 또는 노인들이 교회가 더는 그들의 필요를 충족시키지 못한다고 느끼고 있습니까? 우리는 각 개인이 왜 교회를 떠나는지, 또한 집단들이 왜 떠나는지를 알아야

합니다. 만약 우리가 이 정보를 정확히 알게 되면 그들을 위해서 무언가를 할 수 있습니다. 그때까지는 뭔가 교회가 원만하게 돌아가지 않는다는 막연한 느낌만 들게 될 것입니다.

교회 건강 진단

안: 이제 교회 건강 진단이라는 중요한 영역으로 주제를 바꿔보겠습니다.

맥: 이 일은 마치 의사가 환자의 병을 진단하는 것과 같습니다. 병이 무엇인지 알지 못한다면 어떻게 치료 방법을 제시할 수 있겠습니까? 교회가 장애의 원인을 알아내지 못한다면 어떻게 문제를 해결할 수 있겠습니까?

다음과 같이 질문할 필요가 있습니다. 교회는 어떤 분야에서 건강이 좋지 않습니까? 교회의 어떤 영역이 성장하고 있고, 어떤 영역이 성장하고 있지 않습니까? 교회가 지역 사회에서 좋은 결과를 내는 사역은 무엇이고, 그렇지 않은 사역은 무엇입니까? 교회는 어린이, 청소년, 청년, 중년, 사업가, 독신 여성 등 다양한 영역에서 재생산을 경험하고 있습니까? 이 모든 영역의 정보는 교회에 필수적입니다. 당회 구성원들과 모든 연령대의 리더들은 이런 사실을 예민하게 인식해야 합니다. 일반 신자들이 가지고 있지 않은 엄청난 양의 성장 데이터를 사용할 수 있어야 합니다.

안: 교인들은 이러한 정보 없이 정교한 전략을 수립할 수 없습니다. 그들은 무언가를 주도하기보다는 제시된 무언가에 반응하는 편이지요. 진단 과정에서 교인 통계는 얼마나 중요합니까?

맥: 물론 교인 통계가 모든 것은 아닙니다. 하지만 그것은 동향을 알려줍니다. 통계는 마치 속기(速記)처럼 교인들과 교회 지도자들이 알아야 할 정보를 일정한 틀 안에 정리하여 압축적으로 보여줍니다. 이 교인 정보는 다양하고 유용합니다. 숫자들이 적힌 열들은 이해하기 어렵지만, 도표와 그래프에 숫자 열을 배치하면 그것들은 매우 생생하게 정보를 알려줍니다.

> 물론 교인 통계가 모든 것은 아니지만 그것은 어떤 동향들을 알려준다.

안: 그렇다면 박사님은 지금 교회가 교인들의 성장 또는 감소, 어쩌면 개별 부서들의 성장 또는 감소에 관한 도표와 그래프를 잘 작성해야 한다고 말씀하시는 건가요?

맥: 그렇습니다. 몇 년 전에 저는 로스앤젤레스와 샌프란시스코 사이를 오가는 비행기 수가 증가했음을 나타내는 그래프를 본 적이 있습니다. 이 두 대도시를 오가는 비행기 수는 앞으로 10년 안에 거의 두 배가 될 것입니다. 그 사실은 더 많은 소음, 더 많은 공항, 더 많은 여행 및 기타 많은 복잡성을 의미합니다. 저는 이 순위를 단지 몇 분 동안만 봤지만, 제 마음에 강한 인상이 남았습니다.

교인들에 관한 비슷한 도표가 교회에 속한 모든 구성원의 마음에 새겨지면 안 되는 이유가 있습니까? 여론 형성자, 지도자, 유권자 및 대금을 결제하는 사람은 모두 실제 상황에 관한 정확하고 생생한 정보를 가지고 있어야 합니다. 알다시피 통계를 일련의 생생한 사진들처럼 만들 수 있습니다. 숫자를 그림과 같은 형태로 보기 전까지는 이해하기 어렵습니다. 사업가와 금융 지도자들은 끊임없이 그래프와 순위를 사용합니다. 마찬가지로, 그리스도인들은 성장 현상을 그래프로 만들어야 하고, 이런 일은 교회 생활에서 누구나 경험할 수 있는 일반적인 경험이 되어야 합니다.

안: 교회의 진로를 계획할 때, 지금까지 교회가 어떻게 지내왔는지, 그리고 앞으로 어디로 갈 수 있는지를 알고자 할 때 도표와 그래프가 매우 도움이 된다는 말씀이군요. 하지만 도표와 그래프가 알려주지 않는 것들도 있지 않을까요?

맥: 예, 그렇습니다. 예를 들어 도표와 그래프는 우리에게 어떤 특정한 해에 폭발적인 성장이 일어났다고 말해 주지만, 그 이유에 대해서는 말하지 않습니다. 그것들은 교회가 수년 동안 정체 상태에 있었다는 것을 알려줄 수 있지만, 그 이유에 대해서는 말하지 않습니다. 급성장 또는 하락, 최고점 또는 최저점에 대한 이유는 제공되지 않습니다. 순위는 어떤 중요한 사건들이 일어난 연도들을 가리킬 것입니다. 다른 기록들을 더 찾아보는 것은 우리에게 달려 있습니다. 예를 들자면 역사, 각 연도에 일어난 중요한 사건들, 평신도 리더십 또는 목회자 리더십의 변화, 채택한 정책들이 제대로 작동했는지 아니면 실패했는지를 살펴보는 것과 같은 일입니다. 도표는 우리에게 무엇을 살펴봐야 하는지를 보여주는, 정말 필수 불가결한 자료입니다.

안: 도표를 보면 일반적으로 성장이 균일하지 않다는 것을 알 수 있습니다. 그렇다면 어떤 성장 패턴이 정상일까요?

맥: 소수의 교회만이 교단 및 지역 프로그램을 잘 편성하여 매년 꾸준히 성장하고 있습니다. 대부분의 교회와 교단의 성장선(growth lines)은 상당한 불균형을 보여줍니다. 몇 년 동안 상승하다가 다시 몇 년 동안은 하강하는 식입니다. 또 어떤 교회들은 성장하고 같은 교단

의 다른 교회들은 정체되는 것을 보여주기도 합니다. 이런 불균형은 대부분 바람직하지 않습니다. 교회 주변의 지역 주민 중 많은 사람이 활동적인 그리스도인이 아니고, 또한 그리스도의 권능이 없이 사는 사람들이라면 그 교회에는 엄청난 성장의 기회가 주어진 것입니다. 교회는 크게 성장한 뒤 긴 정체를 겪는 것이 정상적인 경험이라고 생각해서는 안 됩니다. 정체는 정상적인 경험이 아닙니다. 정상적인 경험은 교회가 성장하는 것입니다.

안: 하지만 불행하게도 너무나 많은 교회가 정체를 겪고 있고, 그러면서도 그런 사실조차 인식하지 못하고 있습니다. 반면에 도표를 사용하는 교회는 성장이 억제되고 있다는 사실을 금방 알아차리고 해결책을 모색할 것입니다.

맥: 통계를 수집하고 교회의 성장에 관심을 집중하면, 종종 그것이 전체 회중에 성장의 열망을 불러일으키기도 합니다. 물론 지나치게 단순한 접근 방식은 피하는 것이 좋습니다. 성장의 총체적 사실, 곧 어느 한 교회에 359명의 교인이 있었고 점차 421명이 되었다는 것만으로는 충분하지 않습니다. 추가로 그들을 나이, 지역, 가족 관계, 학군, 동질집단 등으로 분류한 자료가 필요합니다. 정확한 실태를 파악하기 위해서는 이러한 자료들이 교회의 성장과 연관되어야 합니다.

안: 최근에 저는 교회학교 성장을 보여주는 도표를 교회 성장 도표와 비교하는 흥미로운 연구 하나를 완료했습니다.

맥: 무엇을 알아냈습니까?

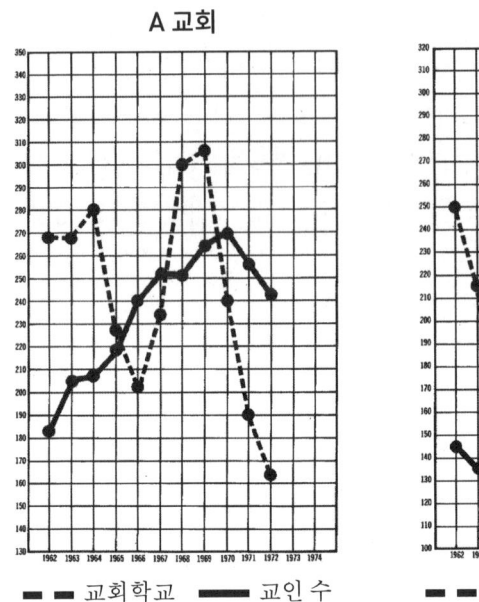
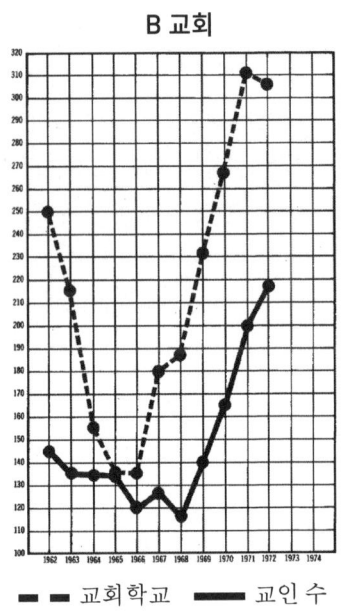

성장의 지표

안: 교회학교는 교회의 성장에 어떤 일이 일어날지 예측하는 지표인 것 같습니다. 교회학교 도표가 올라가면 교회는 성장을 예상할 수 있습니다. 반면에 교회학교 수치가 내려가면 1년에서 2년 동안 교회가 안정적으로 유지되다가 감소세로 돌아설 것으로 예측할 수 있습니다. 물론 이 관계는 항상 일대일이 아닙니다. 그러나 제가 목사라면 우리 교회의 교회학교가 쇠퇴하기 시작한 현상을 위험 신호로 생각할 것입니다. 반면에 성장에 관심이 있다면 교회학교는 노력을 집중해야 할 영역이 될 것입니다.

맥: 정확한 지적이라고 생각합니다. 하지만 저는 여기에 다음과 같은

사실을 추가하고 싶은데, 좋은 종교교육을 진행하는 교회학교, 등급별 수업 및 잘 훈련된 교사진을 갖추고 있는데도 새 신자들이 크게 늘지 않는 현상이 얼마든지 나타날 수 있다는 것입니다. 중요한 요소는 이것입니다. 만약 교회학교 수업에서 교사들이 의식적으로 교회학교를 교회로 가는 길로 만들고, 그들의 학생들을 그리스도인이 되게 할 뿐만 아니라 교회의 신뢰할 수 있는 구성원이 되도록 이끌고 있다면, 그 교회학교는 교회를 성장시키는 역할을 할 것입니다. 반면에 이런 의식적인 시도가 없다면, 멋진 교회학교를 가질 수는 있지만, 교회 자체는 번영하지 않을 것입니다.

안: 교회 성장 비전은 교회의 모든 사역에 적용되어야 합니다. 예를 들면 교회학교, 여성 그룹, 남성 그룹, 청소년 그룹과 같은 사역들이 모두 교회 성장 비전을 가져야 합니다. 다시 말해서 모든 사역은 그리스도와 교회를 위해 사람들을 구원하는 일에 서로 협력하고 있다는 의식을 가져야 합니다. 교회가 목표를 확인하고 모든 그룹이 이 목표를 '공유'하면 결과가 나타나기 시작할 것입니다.

맥: 그룹 사역은 교회에 큰 유익을 줍니다. 최근에 제가 어느 한 교회에 관심을 두게 되었습니다. 이 교회는 버스를 여러 대 보내 많은 아이를 교회학교로 데려왔습니다. 그런데 교회학교는 매우 크게 성장했지만, 교회의 다른 그룹들이 그 아이들의 부모들을 전도하려고 노력하지 않았기 때문에 그 아이들은 대부분 영구적인 교인이 되지 못했습니다. 결국 사람들은 이런 종류의 교회학교 성장에 문제가 있다는 것을 알게 되었습니다. 교회 지도자들이 "작년에 교회에 온 아이 중 몇 명이나 부모를 데려왔는가? 얼마나 많은 부모가 그리스도를 고백하고 교회에 등록했는가? 그런 일이 일어나지 않은 지 얼마나 되었는가?" 이런 간단한 질문들을 토대로 작성된 데이터가 그

래프로 표시된다면 그것을 통해서 증상을 파악하고 적절한 치료법을 처방할 수 있을 것입니다.

인원수 조사

안: '인원수 조사'(head counting)에 대해서 반감을 느끼는 사람들도 있습니다. 혹시 박사님께서는 이 개념을 옹호하는 성경적 근거를 제시해 주실 수 있습니까?

맥: 성경은 구성원 수를 매우 진지하게 취급합니다. 누가는 숫자를 정확하게 기록하고 있습니다. 예를 들어 그는 오순절 이전에 정확히 120명의 교인이 있었고 오순절에 3,000명의 사람이 예수님을 구주로 영접했다는 사실을 전해주고 있습니다. 민수기 전체는 매우 정확한 집계로 가득 차 있습니다. 여담이지만, 리빙바이블(The Living bible)이 이것에 대해서 좀 더 분명하게 표현하고 있습니다. 이전 성경들은 숫자들을 평범한 구절로 표현하지만, 리빙 바이블은 그것들을 표로 만들어 제시하고 있으므로 그 표들을 통해 성경이 얼마나 진지하게 숫자를 대하는지 깨닫게 됩니다.
　만약 목자가 양을 정확히 세지 않았다면 잃은 양이 한 마리뿐이라는 사실을 알지 못했을 것입니다. 성경은 숫자 헤아리기(numbering)를 정말 중요하게 여깁니다. 자신의 교회에 속한 교인들을 신중하게 헤아리는 사람은 철저하게 성경적인 무언가를 하고 있음을 확신할 수 있습니다.

안: 그렇다면 "당신은 하나님의 일을 측정할 수 없습니다."라고 하거나 "결과는 성령께 맡기십시오." 또는 "당신이 해야 할 일은 말씀을

전하는 것입니다."라고 말하는 사람들에게는 뭐라고 대답하시겠습니까?

맥: 그들의 말은 부분적으로 옳습니다. 당신은 어떤 것들에 대해서는 측정할 수 없습니다. 그것은 완벽한 사실입니다. 그러나 많은 것이 측정될 수 있고 실제로 측정되어야 합니다. 돈을 예로 들어봅시다. 사업 방법, 연례 감사, 신중하게 확인된 은행 잔액, 지급준비금 없이 교회가 운영될 수 있을까요? 이 모든 것이 필요합니다. 교인들도 마찬가지입니다. 하나님께서 우리에게 구원받은 사람을 주실 때, 다시 말해서 그분이 자기 아들들과 딸들을 맡기실 때, 그분은 우리가 이 모든 것을 사용하기를 원하십니다.

안: 그러니까 박사님께서는 그만큼 교인들이 중요하다고 생각하는 거지요?

맥: 우리는 교인들을 가볍게 여기는 습성을 지녀서는 안 됩니다. 반대로 우리는 "이 교회가 성장하고 있습니까? 성장하지 않는다면 원인은 무엇인가요?"라고 물어야 합니다. "우리 교회는 정체되고 있습니까, 아니면 쇠퇴하고 있습니까?" 우리가 이런 질문을 하는 이유는 자기 확장(self-aggrandizement)을 위해서가 아니라 하나님의 뜻을 더 잘 수행하고 효과적으로 이루기 위해서입니다. 사실 두 사람이 한 사람보다 더 많은 것을 들어 올릴 수 있다는 점에서 교회 성장, 그리고 교인에 대한 회계 보고(membership accounting)는 중요하게 인식될 것입니다.

> 우리가 이런 질문을 하는 이유는 자기 확장(self-aggrandizement)을 위해서가 아니라 하나님의 뜻을 더 잘 수행하고 효과적으로 이루기 위해서다.

교회를 세우는 사람들

안: 만약 박사님이 새 담임목사를 모시는 청빙위원회에 속해 있고 그 교회가 성장하기를 원한다면, 박사님은 새 담임목사에게 어떤 특성이 필요하다고 생각하십니까?

맥: 저는 먼저 후보자들의 기록을 통해서 그들이 하나님의 부르심(calling)을 받았는지 살펴볼 것입니다. 그런 다음에는 용감한 사람인지 확인할 것입니다. 왜냐하면 성장을 향해 나아가려면 용기가 필요하기 때문입니다. 그리고 교회 성장에 대한 의식이 있는 사람을 찾을 것입니다. 장로교 목사 중에 좋은 예가 하나 있습니다. 어느 목사가 시애틀의 한 유명한 교회에 청빙을 받았을 때 그는 이렇게 답장을 썼습니다. "저는 여러분과 함께 그 지역 곳곳에 교회를 개척할 생각인데, 만약 여러분이 저의 계획에 동의한다면 청빙을 받아들이겠습니다." 청빙위원회가 그 편지를 받았을 때 위원들은 기도하면서 그의 의견을 신중하게 검토한 뒤 마침내 그가 자신들의 담임목사로 적합하다는 결론을 내렸습니다. 결과적으로 이 장로교회는 시애틀 지역에 35개 교회를 개척했습니다. 제가 청빙위원이라고 가정했을 때 바로 이런 사람이 제가 찾는 사람입니다.

안: 박사님은 대담하고, 뭔가를 이룬 경험이 있으며, 믿음으로 시작할 줄 아는 사람을 찾으시는군요.

맥: 그렇습니다. 이것들이 바로 교회 성장에 대한 의식을 가지고 있는 사람의 특징입니다.

안: 만약 당신이 교회를 성장시키기를 원하는, 어느 한 교회의 담임목사

라면, 교회를 성장시키기를 원한다면 어떤 사람들이 평신도 지도자가 되어야 한다고 생각하십니까?

맥: 우리에게는 교회 성장에 대한 의식을 가진 수많은 평신도가 필요합니다. 교회 성장에 관한 사실들을 이해하고, 자신의 사업에서 이익과 손실을 그래프로 그리는 것처럼 쉽게 교회 성장 그래프를 그리며, 자신의 사업을 흑자 경영하는 방법을 교회에 적용하는 그런 평신도들 말입니다. 좋은 평신도 리더십의 자질에 대해서는 나중에 더 이야기하도록 합시다.

성공이란?

안: 미국에서는 많은 그리스도인이 큰 것(bigness)은 성공을 상징하고 작은 것(smallness)은 실패를 상징한다고 생각합니다. 그 기준을 교회에도 적용할 수 있을까요?

맥: 모든 것이 작게 시작됩니다. 작은 것을 실패의 상징이라고 말해서는 안 됩니다. 저는 그것을 다른 관점에서 생각하는 것을 좋아합니다. 하나님께서 주신 재능으로 우리는 무엇을 하고 있습니까? 어떤 사람에게는 한 달란트를 주셨고, 어떤 사람에게는 열 달란트를 주셨습니다. 그분은 교회 성장에 사용하라고 주신 재능을 책임감 있게 다루라고 우리에게 요구하십니다. 우리는 우리에게 주어진 특별한 기회를 잘 다뤄야 합니다. 우리는 매년 수백 명의 새로운 사람들이 유입되는 지역에 있을 수 있습니다. 또는 새로 유입되는 사람들

> 모든 것이 작게 시작된다. 작은 것을 실패의 상징이라고 말해서는 안 된다.

이 소수에 불과한 지역에 있을 수 있습니다. 교회가 두 지역에서 같은 수준으로 성장할 거라고 기대하는 것은 매우 비현실적입니다. 큰 것을 성공의 표시로 생각하고 작은 것을 실패의 표시로 생각하는 것은 전혀 도움이 되지 않습니다. 우리는 또한 상황도 봐야 합니다.

그리고 가장 중요한 것은 순종이라는 관점에서 교회 성장을 생각해야 한다는 점이다. 그렇다면 질문은 하나님께서 우리에게 주시는 과제에 대해서 우리가 얼마나 하나님께 순종하느냐는 것입니다. 우리는 인간이 하나님의 잃은 자들이라는 사실을 얼마나 심각하게 받아들이고 있습니까? 우리의 이웃, 친구, 친척, 이사 온 새로운 사람들이 그리스도와 그의 권능과 사랑을 알게 되기를 얼마나 열망하고 있습니까?

> 가장 중요한 것은 순종이라는 관점에서 교회 성장을 생각해야 한다는 것이다.

최적의 성장

안: 저는 순종의 기준과 "심어진(planted) 곳에서 가능한 한 많이 자라는 것"의 원리가 참 좋아 보입니다. 저는 큰 것을 성공의 상징으로 여기는 교회 신자들을 만날 때 불편함을 느낍니다. 그런데 그것은 또 다른 논의 주제로 이어집니다. 교회를 위한 최적의 성장(optimal growth)과 효과에 관해서는 어떻게 생각하십니까?

> 하나님께서 원하시는 성장은 "심어진(planted) 곳에서 가능한 한 많이 자라는 것"의 원리, 곧 최적의 성장이다.

맥: 미국에는 유동 인구가 매우 많습니다. 우리는 우리가 전도해서 구원한 사람들이 다른 곳으로 이주하는 것을 막을 수 없습니다. 따라서 최소한 현재 상태를 유지하기 위해서라도 계속 사람들에게 복음

을 전해 그들을 구원해야 합니다. 당신이 언급한 최적의 목표는 **꾸준한 연간 증가**입니다. 이론적으로 보면 지역 사회의 모든 사람이 교회에 나올 때가 올 것입니다. 그다음에는 무엇을 합니까? 글쎄요, 모든 교회는 선교적인 교회가 되어야 합니다. 자기 동네에서 전도할 뿐만 아니라 걷거나 운전할 수 있는 자기 동네 너머에 교회를 개척해야 합니다. 모든 교회는 지구의 가장 먼 곳에도 복음의 빛을 비추도록 노력해야 합니다.

안: 저는 당신이 하는 말을 좋아하지만, 현실적인 차원에서 교회가 다른 교회를 개척하기 위해 얼마나 큰 교회가 되어야 하는지 알 수 있는 지침이 있습니까?

맥: 교회 규모가 너무나 다양하므로 그 어떤 대답도 모든 상황에 맞을 수는 없습니다. 50명 또는 100명 규모의 교회는 그 자체로 영광스러운 교회입니다! 400명 또는 500명 규모의 교회도 영광스러운 교회입니다! 6,000명에서 1만 명 규모의 교회 역시 훌륭한 교회입니다! 제가 말할 수 있는 것은 규모의 문제는 모든 교회가 스스로 직면해야 하는 문제라는 것입니다. 제 친구 중 많은 이들이, 교회가 400명에서 500명 이상으로 성장하면 그 교회의 신자들은 다른 사람들을 알 수 없는 상황에 이르기 때문에 그 시점에 '분립'(hive)하여 다른 교회를 시작해야 한다고 말하곤 합니다.

이런 주장은 나름의 일리가 있습니다. 교회의 기능 중 하나는 하나님의 가족이 되는 것입니다. 만약 당신이 다른 교인들을 알지 못하면 당신은 그들을 사랑할 수 없으며, 그들의 필요에 따라 그들을 지원할 수 없으며, 슬퍼하는 자들과 함께 슬퍼하고 기뻐하는 자들과 함께 기뻐할 수 없습니다. 대형 교회가 제 기능을 하려면 작은 그룹, 곧 교회 안의 작은 교회가 많이 있어야 합니다. 아마도 미국적인 조직 경향을 활용해 수천 명의 교회를 소규모의 친밀한 회중들의 연합으로 만들 수 있을 것입니다.

안: '분립' 개척을 시도할 시기가 되었다고 가정해 봅시다. 새 교회를 시작하려면 몇 명의 교인이 필요할까요?

맥: 그것은 당신이 어떤 종류의 교회를 말하고 있느냐에 달려 있습니다. 정기적으로 만나는 12명의 사람과 가정교회를 시작하는 것은 충분히 가능한 일입니다. 그런 회중은 예배당을 지을 때까지 가정교회로 계속 성장해야 합니다. 반면에 큰 교회가 특정 지역에 거주하는 50, 60, 100명 이상의 교인들을 분리함으로써 '분립' 개척을 시도하기도 합니다. 그때 분리되는 신자들에게는 이렇게 말합니다. "이제 여러분 스스로 새로운 신앙 공동체를 형성할 때가 되었습니다. 우리는 땅을 구매해 주거나 개척 자금 4만 달러를 마련해 주는 방식으로 여러분을 도울 것입니다. 가끔 와서 여러분과 함께 예배를 드리기도 할 것입니다. 때때로 우리 찬양대를 보내겠습니다. 우리는 당신의 부모입니다. 그러므로 언제나 여러분을 위해 기도하고 후원할 것입니다."

두 가지 방법 모두 효과적입니다. 교회를 시작하는 데 왕도는 없습니다. 하지만 굳이 일반적인 원리 하나를 말씀드린다면, 당신이 할 수 있을 때(whenever you can), 그리고 당신이 할 수 있는 곳에서(wherever you can) 교회를 개척하라는 것입니다.

안: 당신이 할 수 있을 때, 그리고 당신이 할 수 있는 곳에서! 인상적인 말이군요. 하지만 새로 탄생한 교회 중 일부 교회들은 실패하지 않습니까?

맥: 예, 일부는 실패할 것입니다. 하지만 놀라운 것은 교회가 매우 강인하다는 것입니다. 교회는 일단 시작하면 쉽게 실패하지 않습니다. 물론 모든 일은 실용적으로 처리해야 합니다. 주일마다 400명에서 500명 정도가 모이는, 소위 멀쩡히 잘 지내는 교회를 몇 개 그룹으로 나눴는데, 그 그룹들이 하나같이 작고 연약해서 큰 그룹이 할 수 있는 일을 전혀 하지 못한다면 문제가 될 것입니다. 교회는 성장하되 부서져서는 안 됩니다. 모든 일에는 상식이 요구됩니다.

안: 아이는 가정에서 태어나 어린 시절과 청소년 시기를 거치면서 성장하고, 집을 떠나 자신의 가정을 시작할 수 있을 만큼 성숙합니다. 이것은 이른바 출생, 성장, 성숙, 번식의 패턴인데, 교회에도 이와 유사한 패턴이 필요하리라 봅니다.

맥: 예, 그리고 한 가지 더 생각해 볼 것이 있습니다. 오늘날 사람들이 먼 거리를 운전하지 않고도 참석할 수 있는 교회가 도시 곳곳에 있어야 합니다. 미국 상황에서 많은 신자가 교회까지 5, 10, 15마일을 운전해서 가는 것은 참 불합리한 일 중 하나입니다. 그들은 여러 가지 이유로 이런 장거리 운전을 당연하게 받아들이지만, 그 결과 그들이 사는 곳 주변에는 교회가 없습니다. 어느 한 거리를 따라 열 가족이 일렬로 늘어서서 살고 있다고 칩시다. 그런데 한 가족은 한쪽으로 7마일을 운전해서 가고, 다른 가족은 다른 쪽으로 15마일을, 세 번째 가족은 또 다른 방향으로 7마일을 운전해서 교회로 갑니다. 이런 상황에서 복음 전도의 가능성은 적을 수밖에 없습니다. 다른 일곱 가족더러 차를 몰고 마을을 가로질러 교회로 오라고 설득하기란 쉽지 않습니다. 미국 상황의 이런 약점은 앞으로 몇 년 안에 제거되어야 합니다.

정기적인 건강 진단

안: 계속 대화를 하다 보니까 박사님은 교회 성장을 측정하는 일이 한 번 실시하고 잊어버리는 것이 되어서는 안 된다고 생각하시는 것 같습니다. 그렇다면 박사님은 교회 공동체를 위해 정기 검진이 있어야 한다고 생각하십니까?

맥: 의사와 치과 의사는 우리에게 정기 검진의 필요성을 말합니다. 교회도 마찬가지입니다. 모든 교회 당회는 적어도 매년 교회와 여러 부서의 건강과 성장을 정리한 자료를 가지고 있어야 합니다. 당회 또는 중요한 회의가 열리는 방 한 면에는 큰 그래프가 걸려 있어야 합니다. 여기에는 단순히 재정 수입이 얼마나 되는지, 또는 전체 교인이 얼마나 많은지가 아니라 교회의 중요한 양상들에 대한 정확한 통계를 보여주는 여러 개의 줄이 그려져 있어야 합니다. 교회의 많은 중요한 양상들은 매월, 매 분기, 매년 쉽게 순위로 작성될 수 있습니다. 그러면 다음 당회 또는 중요한 회의가 열릴 때 교회의 건강과 활력, 그리고 관심이 필요한 부분을 한눈에 볼 수 있을 것입니다.

안: 그런 도표 또는 일련의 도표들은 교회 성장을 장려할 것입니다. 지금까지 교회가 어떻게 운영되었는지를 측정하는 데 관심을 기울이는 교회라면 앞으로 나아가야 할 방향과 목적을 설정하고 거기에 도달하기 위해 적절한 조처를 할 것입니다.

맥: 그렇습니다. 연간 측정은 교회 성장을 촉진하는 데 도움이 되며, 교회 성장은 실제로 주님께 순종하는 것입니다.

5장
교회 성장을 위한 리더십

새 회심자들과 성장

안: "교회가 성장하기를 원한다면 새 회심자 중에서 많은 지도자를 선택하십시오." 이것은 많은 사람에게 충격적인 진술이 될 것입니다. 박사님은 어떻게 생각하십니까?

맥: 새로운 회심자들은 해당 인구 집단 중 수용적인 사람들에게서 나옵니다. 실제로 수용적인 영역을 결정하는 한 가지 방법은 회심자들이 어디에서 왔는지 확인하는 것입니다. 이 회심자들은 복음이 필요한 사람들과 여전히 만나고 있습니다. 반면에 나이가 많은 그리스도인들은 불신자들과의 관계가 거의 끊어져 있습니다. 새로운 회심자들은 복음을 전하는 일에 열정적인 경향이 있습니다. 왜냐하면 그들은 기독교에서 자신의 삶을 바꿀만한 진정한 것을 발견하지 않았더라면 절대로 회심하지 않았을 것이기 때문입니다. 새로운 회심자들은 종종 친구들에게 증거하고, 이전에 함께 지내던 비그리스도인 동료들 사이에서 기독교 그룹을 구축합니다. 그렇습니다. 교회가 성장하고 있다면 새로운 회심자들은 좋은 지도자들을 발굴할 수 있는 가장 큰 원천입니다. 이것은 결코 잊어서는 안 되는 원리입니다.

안: 교회의 권력 구조에서 새로운 회심자들과 기존 교인들이 성장을 위해 함께 일할 수 있다고 생각하십니까?

맥: 그렇기도 하고 그렇지 않기도 합니다. 먼저 그렇다는 말에 대해서 말하자면, 새로운 회심자들과 기존 교인들이 함께 일하는 것은 매우 자연스러운 일입니다. 둘 다 같은 교회에 있고 같은 목회자와 관계를 맺고 있기 때문입니다.

반면에 새로운 회심자들이 더 오래된 신자들에게 종속되어서는 안 된다는 점에서 그렇지 않다고 말할 수 있습니다. 새로운 회심자들에게는 성장할 기회를 주어야 합니다. 그들이 오래된 신자들에 의해 가려지는 일이 계속돼서는 안 됩니다. 새로운 회심자들은 알고 지내는 사람들과 계속 밀접하게 접촉하며 살고 있기 때문에 때로는 혼자서 그들에게 더 잘 다가갈 수 있습니다. 새로운 회심자들은 그들을 놀라게 하거나 두렵게 하지 않지만, 오래된 신자들은 놀라게 하거나 두렵게 만들 수 있습니다. 이를 설명하기 위해 젊은이는 적고 노인이 많은 교회를 한번 생각해 봅시다. 그 교회가 많은 젊은이를 교회에 끌어들이기로 했다고 가정합시다. 이 일을 위해서는 새로운 청년 회심자들이 다른 청년들을 교회로 데려오도록 장려해야 합니다. 노인들의 임무는 그 청년들을 돕고 그들의 친구가 되는 것입니다. 말하자면 청년 그룹이 젊은이들답게 젊고 발랄하게 활동할 수 있도록 지원하는 것입니다. '늙은 교회'의 청년 그룹에 노인과 같은 친구들이 많다면, 이보다 더 빨리 성장을 죽이는 요소는 없을 것입니다. 무슨 말인지 아시겠습니까?

안: 예, 하지만 한 걸음 더 나가 볼까요? 친구들이 주께로 돌아오는 것을 보고 싶어 하는 열정과 열망으로 가득 찬 새로운 회심자들이 복음을 전하기 위해 다른 사람들에게 다가가는 데 효과적이라는 점에

동의합니다. 그런데 박사님은 그들이 교회의 위원회와 조직의 일부가 되어야 한다고 생각하시는 건가요?

맥: 네, 분명히 그래야 한다고 생각합니다. 새로운 교인들이 교회의 책임 있는 구성원이 되었다면 그들이 교회의 행정 체제 안에서 적극적인 역할을 하도록 배려해야 합니다.

안: 권력 구조의 일부가 되어야 한다는 뜻인가요?

맥: 네, 그 교회는 **그들의** 교회여야 합니다. 그들은 자신이 목소리를 낼 수 있다는 점에서 그들의 교회라고 느껴야 합니다.

모집과 훈련

안: 성장하는 교회를 위해서는 지도자를 모집하고 훈련하는 일이 중요합니다. 박사님은 어떤 계획을 제안하시겠습니까?

맥: 좋은 계획은 신약성경 프로그램의 필수적인 부분이었습니다. 신약성경에 나타난 교회 성장의 한 가지 비결은 지도자들이 **활동적인** 교회 안에서, 그리고 그 교회에 의해 훈련을 받았다는 것입니다. 교회는 무언가 일을 해나가면서 사람들을 훈련하였습니다. 이것은 오늘날 교회 성장의 비밀로 남아 있습니다. 일반적으로 교회증식가들(multipliers)이 역동적인 교회 출신의 훈련생들을 훈련하는 것이 가장 효과적입니다. 성장을 멈춘 냉랭한 교회 출신의 훈련생들이 학자 밑에서 훈련을 받는다면 교회 성장의 가능성이 제한될 수밖에 없습니다.

안: 가장 효과적인 훈련은 직접적인 경험이라고 생각합니다. 숙련된 목사나 평신도 지도자는 한 사람의 '디모데'를 통해서 그리스도 안에 있는 삶의 특성들을 재생산하고, 그 특성들은 그를 통해서 또다시 다른 사람들에게서 재생산됩니다. 이 훈련은 강의가 아니라 예수님께서 제자들에게 "와서 따르라"라고 초청하셨을 때 사용하셨던 방법입니다. 지도자가 모델이 되었습니다.

맥: 코랄 릿지에서 목회하는 케네디(James Kennedy) 목사도 그런 방식으로 지도자 훈련을 했습니다. 그는 사람들을 하나씩 데려다가 효과적으로 복음을 전하도록 훈련했습니다. 그 결과 그의 교회는 하나의 모델이 될 만큼 훌륭한 교회가 되었습니다.

안: 제가 보기에 지도자 모집과 훈련은 모두 지역 교회의 책임인 것 같습니다.

맥: 예, 당연하죠. 지역 교회는 지도자들을 훈련할 의무가 있습니다. 훈련 자료들은 교단이나 초교파 단체에서 사용한 자료 또는 성공적인 리더십 훈련 계획을 수립한 다른 교회를 통해서 얻을 수 있습니다. 그러나 최종적으로 지도자를 모집하고 훈련하는 책임은 지역 교회에 있습니다. 이 책임을 감당하지 않는 한 성장 가능성은 제한될 수밖에 없습니다.

제자화

안: 박사님은 리더십과 '제자화'(discipling)를 같은 과정으로 보십니까?

맥: 교회성장형 그리스도인들은 사람들이 그리스도께 나아와 세례받은 신자가 되는 초기 단계를 가리켜 '제자화'라는 단어를 사용합니다. 우리는 계속해서 교회 성장의 두 번째 부분을 '완전화'(perfecting)라고 부르는데, 이것은 은혜 안에서 성장하는 단계를 가리킵니다. 좀 더 자세히 말하자면, 세례받은 신자들이 성경적인 그리스도인이 되고, 그들의 삶이 성경에 대한 지식에 의해 생기를 얻고, 그들이 예수 그리스도와 깊은 인격적 관계를 맺고 있는지 확인하는 것입니다.

오늘날 미국의 많은 그리스도인은 하나님의 잃은 자들을 찾아서 제자화하는 것이 아니라 기존 신자들을 완전화하는 데에만 관심이 있습니다. 이것은 실수입니다. 물론 저는 그리스도인들이 더 나은 그리스도인이 되는 것을 적극적으로 찬성합니다. 우리는 더 공정하게 행동하고 서로를 더 많이 사랑해야 합니다. 그렇지만 아무리 서로를 사랑하고 서로를 더 정당하게 대해도 그것이 교회를 크게 성장하도록 돕지는 않을 것입니다. 잃은 양들이 있는 곳으로 가야 합니다. 당신은 그들이 있는 산골짜기로 들어가서 그들에게 가까이 다가가 우리로 돌아가자고 설득해야 합니다. 우리에게는 제자화와 완전화가 모두 필요합니다. 우리는 잃은 자들을 찾고 그들이 은혜 안에서 성장하도록 도와야 합니다.

안: 저는 그리스도를 만나고 다른 사람들을 되찾는 일에 적극적으로 참여하는 사람들이 실제로 은혜 안에서 성장하고 있음을 발견했습니다. 그들은 완전해지고 있습니다. 그들은 잃은 자들을 절대로 찾

지 않는 그리스인들보다 그리스도의 마음을 더 많이 나누고 있습니다. 다시 말해서 그리스도인들이 의미 있는 복음 전도 활동에 참여한다면 그리스도인으로서 더 빠르고 더 효과적으로 성장할 것입니다.

맥: 저는 전적으로 동의합니다. 그리스도를 모르는 우리 주변의 사람들을 돌보지 않으면서 정말 좋은 그리스도인이 될 수 있다는 생각은 사탄의 해로운 계략입니다.

안: 그리스도와 닮은 모습으로 성장한다는 것은 세상의 구원을 위해 그분의 짐을 나눠 지는 것을 의미합니다.

맥: 그리스도의 마음을 진정으로 공유할 수 있는 유일한 방법은 잃은 자를 찾는 데 적극적으로 참여하는 것입니다. 우리 주님은 길을 잃은 사람들을 찾고 구하기 위해 오셨다고 여러 번 말씀하셨습니다. 우리가 진정으로 그리스도인들을 '완전하게' 하려면-우리가 그들을 구주의 진정한 종으로 만들려면-그들을 구원하는 과정, 곧 잃은 자를 찾아 되찾는 일에 참여시켜야 합니다.

안: 그렇다면 이 주제는 다시 사역을 위해 평신도들을 준비시키는 지역 교회의 중요성으로 돌아가는 것입니까?

맥: 예, 그렇습니다. 하지만 사역은 매우 광범위한 단어입니다. 우리는 더 좁은 단어, 더 정확한 단어를 사용해야 합니다. 전도가 바로 그 단어입니다! 교회가 성장하려면 교인들을 전도할 수 있도록 준비시키고, 다른 사람들을 그리스도께

> 교회가 성장하려면 교인들을 전도할 수 있도록 준비시키고, 다른 사람들을 그리스도께 인도하도록 훈련해야 한다.

인도하도록 훈련시켜야 합니다. 성경적으로 보면 모든 그리스도인은 증인입니다. 우리는 전 세계의 교회 성장을 연구하면서 모든 그리스도인이 전도 훈련을 받고 사역할 때 교회가 가장 잘 성장한다는 것을 알게 되었습니다. 따라서 지역 교회의 임무는 평신도들을 '사역'을 위해 준비시키는 것이지만, 교회가 성장하려면 평신도들에게 우리가 논의하고 있는 이 특별한 사역, 곧 전도를 위해 준비시켜야 합니다.

안: 이 원리를 요약하자면 이렇게 말할 수 있겠군요. 비그리스도인들에게 다가가 복음을 전하는 전도는 교회가 성장하도록 돕는 사역으로서 평신도들이 훈련되고 증인의 역할을 다할 때 효과적입니다.

맥: 우리가 일반적인 의미에서 좋은 그리스도인이고, 어떤 식으로든지 서로 멋진 교제를 나누면 교회가 마술처럼 성장하기 시작할 것이라는 생각으로 자신을 속여서는 안 됩니다.

지도자의 자질

안: 성장하는 교회를 위한 지도자의 필수적인 자질은 무엇이라고 생각하십니까?

맥: 다섯 가지를 언급하겠습니다. 첫째, 평신도 지도자들에게는 인간의 구원에 대한 성경적 확신이 있어야 합니다. 그들은 사람들이 그리스도 없이 길을 잃고, 하나님은 모든 사람이 구원받기를 원하시며, 하나님이 주신 단순한 구원의 방법(회개와 그리스도를 믿는 믿음)이 성경에서 그리스도를 통해 분명하게 드러났다는 것을 믿어야 합니다.

두 번째 특성은 정기적으로 복음을 전하려는 의지입니다. 만약 그들이 교회가 성장하도록 도우려면 그들은 자신의 자원을 기꺼이 드릴 수 있어야 합니다. 그중에서 매우 중요한 것은 시간입니다.

세 번째 특성은 전도에 관한 기본 훈련입니다. 이것은 선교 활동과 성장을 위한 모든 프로그램의 핵심입니다. 우리는 정기적으로 전도 훈련을 받아야 합니다.

네 번째 요건은 훈련을 받는 사람들이 어떤 목표를 달성했는지 정기적으로 당회 또는 운영위원회에 보고해야 한다는 것입니다. 당회는 현재 진행되고 있는 일, 계획되고 있는 일, 지금까지 이루어진 결과를 신자들에게 정기적으로 알려주어야 합니다. 다시 말해서 실패한 경험을 공유하고, 승리한 이야기를 나눔으로써 함께 즐거워하는 시간을 가져야 합니다.

지도자의 자질
1. 구원에 대한 성경적 확신
2. 정기적으로 복음을 전하려는 의지
3. 전도에 관한 기본 훈련
4. 훈련과 목표 달성에 관한 정기적인 보고와 전달
5. 간절한 기도

제가 강조하는 다섯 번째 특성은 기도입니다. 성장하는 교회에 가보면 다수의 남녀가 특정 개인을 위해 이름을 불러가며 기도하는 것을 볼 수 있습니다. 그들의 기도는 메시지가 범사에 축복으로 나타나게 해달라는 것이나 오후에 하는 일이 잘 되게 해달라는 것이 아니라 빌과 헨리와 메리와 글래디스가 복음을 듣고 그리스도께 자신을 굴복시킬 수 있게 해달라는 것입니다.

저는 이 다섯 가지를 리더십의 필수 자질로 생각합니다. 당신이 여기 미국에서 경험한 것들을 놓고 보면 평신도 지도자들에게 필요한 다른 자질들을 강조할 수도 있을 것입니다. 이 질문에 대해서 당신은 어떻게 대답하시겠습니까?

안: 저는 사역을 추진할 수 있는 평신도 지도자의 관점에서 말씀드리고

싶습니다. 저는 '새로운 유형'의 사람, 곧 예수 그리스도와의 친밀한 관계 안에서 **자유롭게** 살면서 **스스로** 자신이 살아가는 세상으로 들어가는 그리스도인을 찾을 것입니다. 저는 또한 재생산하는 사역에 탁월할 뿐만 아니라 다른 사람들도 재생산하게 하는 평신도, 성장이 자신에게 달려 있다는 사실을 깨닫고 기꺼이 도전을 받아들이는 평신도를 찾을 것입니다. 그들은 주님 안에서 그들의 자녀들을 식별할 수 있습니다. 그들은 전도가 어떤 모임이나 목사에게 달린 것이 아니라 그들에게 달려 있다는 것을 압니다. 그들은 자신이 전염성 있는 교회 성장에 참여하고 있다고 생각합니다.

또한 오늘날 소그룹-사역 모임-에 참여하는 평신도들에게는 함께 모여 서로를 위해 기도하며, 기쁨과 슬픔을 나누고, 개인적으로 그들의 사역을 지원하는 사람들이 있습니다. 마지막으로, 이 평신도들은 언제나 다른 사람들과 진정한 관계를 맺습니다. 사람들이 다쳤을 때, 도움이 필요할 때, 사람들이 반응할 때 평신도들이 그들에게 다가갈 수 있습니다. 그들은 그리스도의 사랑으로 사람들에게 주님을 소개하고 신앙을 갖도록 도울 것입니다.

맥: 그렇게 말씀하시니 기쁘군요. 이런 자질과 확신은 평신도 훈련의 필수적인 부분입니다. 또한 교회가 성장하려면 당신이 설명하는 특성들은 필수적입니다.

평신도

안: 교회 성장을 위해서도 모든 그리스도인이 동원되어 전도해야 합니다.

맥: 평범한 사람들은 놀라운 능력을 갖추고 있습니다. 저는 평범한 그리스도인들-예를 들어 교사, 사업가, 기계공, 타자원, 주부, 학생-에 대한 큰 확신이 있습니다. 이 그리스도인들은 정말로 많은 불신자와 접촉을 합니다.

안: 박사님은 이 잠재력이 활용되는 것을 보신 적이 있습니까?

맥: 이 잠재력은 현재 많은 곳에서 활용되고 있습니다. 사례 하나만 말씀드리겠습니다. 필리핀에서는 '유일한 길 그리스도'(Christ the Only Way)라는 운동이 '평신도전도그룹학습'(Lay Evangelistic Group Studies) 모임을 1만 개 형성하고 있습니다. 각 그룹의 첫 번째 요건은 평신도 그룹이어야 한다는 것입니다. 목사는 거의 참석하지 않으며 지도자 역할도 하지 않습니다. 모든 그룹은 평신도가 주도합니다. 두 번째 요건은 그룹이 그리스도인들의 친교가 아니라 전도를 위한 모임이어야 한다는 것입니다. 참석자의 50% 이상이 그리스도인이면 그룹으로 인정되지 않습니다! 세 번째 요건은 그룹이 불신자들에게 적합한 방식으로 성경을 공부해야 한다는 것입니다. 이렇게 해서 1만 개의 '평신도전도그룹학습' 모임이 만들어졌습니다.

이제 이 그룹들은 회심자들을 얻는 훌륭한 원천으로 평가되고 있습니다. 이 그룹들은 비그리스도인들을 구원하고 있습니다. 비그리스도인들은 이 그룹들이 지역별로 모이고 그룹 내 그리스도인들이 그들의 친구이기 때문에 그룹에 참여할 때 집처럼 편안하게 느낍니다. 각 방문자는 소그룹으로 안내되며, 그곳에서 비그리스도인들은 두려움을 느끼지 않습니다. 아무도 교회에 가지 않는다고 비난하지 않습니다. 그들은 단지 이웃과 즐겁게 지낼 뿐입니다.

　이런 '평신도전도그룹학습' 모임을 통해 많은 새 교회가 생겨나고 있습니다. 이 필리핀 실험은 하나의 좋은 모델이지만, 우리는 어떤 식으로든 미국의 그리스도인들이 **수백만 명**에게 신앙을 전파할 수 있도록 준비시켜야 합니다. 우리 교회에 소수의 사람을 데려오는 것만으로는 충분하지 않습니다. 임무는 지금 그리스도를 알지 못하는 수백만 명에게 복음을 전해 그분에 대한 진지하고 열렬한 믿음을 갖게 만드는 것입니다. 다른 어떤 것도 물질주의적이고, 피상적이고, 죄 많은 삶의 흐름을 되돌릴 수 없습니다.

목회자

안: 참으로 그리스도는 세상을 위해 죽으셨으며, 만일 그분이 원한 것이 그 이하라면 그것은 하나님께서 원하는 것이 아닙니다. 그러나 지금 우리는 평신도와 교회를 세우는 데 필요한 그들의 역할에 관해 이야기하고 있습니다. 그렇다면 목회자는 어떻습니까? 그들의 역할은 무엇입니까?

맥: 목회자들은 결코 혼자서 전도해서는 안 됩니다. 그들의 임무는 오히려 다른 그리스도인들을 훈련하는 것입니다. 목회자가 혼자서 할 수 있는 일은 그리 많지 않습니다. 그는 자신이 멋진 설교를 하면 비그리스도인들이 그의 설교를 듣기 위해 교회로 몰려올 거라고 기대해서는 안 됩니다. 그런 일은 오늘날 일어나고 있지도 않고, 일어날 것 같지도 않습니다. 목회자는 자신의 설교가 이미 그리스도인

이 된 사람들을 완전하게 하는 것임을 알아야 합니다. 그는 그리스도인들을 전도자로 훈련하는 사람이 되어야 합니다. 사람들에게 복음을 전해 구원하는 방법을 모른다면 배워야 합니다. 목회자의 첫 번째 임무는 능숙하게 개인 전도를 할 수 있을 정도로 성장한 다음 그의 신자들을 한 명씩 데려다가 직접 전도를 하면서 배우게 하는 것입니다. 목회자는 직접 전도를 가르치든지, 아니면 전도를 가르칠 수 있는 사람을 청빙하든지 해야 합니다. 저의 신념은 어떻게든 목회자가 평신도를 전도자로 만드는 목회를 지향해야 한다는 것입니다.

안: 저는 며칠 전 평신도를 전도로 이끄는 방법을 발견한 목사와 흥미로운 대화를 나눴습니다. 예전에 그는 많은 교육과정을 만들어 전도를 가르쳤지만, 사람들은 전도하지 않았습니다. 이제 그는 두 명의 평신도를 데리고 가정 방문을 하는 재생산 방법을 사용하고 있습니다. 이 평신도들은 훈련을 받은 후에 다른 평신도들을 훈련합니다. 목사는 전도를 강의하는 대신에 실제로 전도하는 모습을 보여줌으로써 다른 사람들을 훈련하고 있습니다.

맥: 훌륭한 방법이군요!

안: 그 목사는 평신도들의 삶뿐만 아니라 자신의 삶에서도 일어나는 일에 대해 감격하고 있습니다. 그는 사람들의 마음이 열려 있고 그들이 그리스도를 기꺼이 받아들이는 것에 놀랐습니다.

맥: 이런 성공의 경험은 사람들의 생각을 비관주의에서 낙관주의로 바꾸어 놓습니다. 그렇지 않습니까?

리더십의 시작

안: 우리가 지금 리더십에 관해서 대화를 나누고 있는데, 이제 리더십의 출발점이 어디인지 이야기해 볼까요?

맥: 당신이 원하는 곳이 아니라 당신이 있는 곳에서 시작해야 합니다. 어느 한 교회에서 시작한다는 것은 평신도 몇 사람과 목사를 의미할 수도 있습니다. 정기적으로 소그룹 기도 모임을 갖는 것이 그들이 할 수 있는 전부입니다. 전도에 관심이 있는 그리스도인들은 각자 어떻게 시작할지 결정해야 하지만, 크게 시작하든지 작게 시작하든지 간에 일단 시작해야 합니다. 그들에게는 정기적으로 만나 전도에 관해 배우고, 전도를 위해 기도하고, 실제로 전도하는 사람들로 구성된 소그룹이 필요합니다.

> 당신이 원하는 곳이 아니라 당신이 있는 곳에서 시작해야 한다.

안: 만약 그 소그룹이 교회 지도자들로 구성되어 있다면 그것은 정말 놀라운 일이 아닐까요? 만약 그들이 이런 전도 사역에 참여할 수 있다면 전도 분위기가 교회의 전체 구조에 퍼질 것입니다.

맥: 예, 그것은 멋진 일이 될 것입니다. 운영위원장, 교회학교 부장 그리고 다른 핵심적인 인물 6명이 매주 시간을 쪼개서 모여 공부하면서 삶의 실패와 승리의 경험을 나누고, 그들이 다른 사람들에게 그리스도를 소개했을 때 느꼈던 기쁨과 당황스러웠던 감정을 서로 나눈다고 상상해 보세요. 그것이 교회에 정말 혁신적인 영향을 미칠 것입니다.

안: 모두가 서로에게 헌신하고, 모두에게 책임을 묻는 집단은 실제로 교회에 혁명적인 영향을 미칠 것입니다. 또한 집단에 속한 사람들의 삶에도 영향을 미칠 것입니다.

맥: 물론 훨씬 더 큰 방식으로 시작할 수도 있습니다. 하지만 크게 시작하든지 작게 시작하든지 간에 그는 교회 성장에 관해 말해야 하고, 또한 그것을 실천해야 합니다.

피로

안: 그 말씀이 직업적인 관점에서는 문제가 없습니다. 하지만 너무 많은 일에 시달리는 평신도들이 "오, 그들은 내 등에 무거운 짐을 지우고 있습니다. 더는 일을 할 수가 없습니다. 지겨워요. 솔직히 말해서 교회 일에 지쳤습니다."라고 말하는 것을 들어본 적이 없나요?

맥: 지친 그리스도인들이 많고, 개 교회의 짐을 대부분 소수의 사람이 짊어지고 있는 것은 사실입니다. 그러나 그것을 자세히 분석해 보면, 피로를 유발하는 것은 **실제로 피로가 아니라 실패라는 것**을 알게 될 것입니다. 교인들이 교회 성장을 유도하려 하지만, 사람들을 교회로 데려오는 데 성공하지 못하면 교인들은 피로감을 느끼고 낙담하는 경향이 있습니다. 반면에 그들의 노력으로 사람들을 주님에게로 이끌어 새로운 교인들이 늘어나게 되면 그 보상은 엄청나며, 그들은 피곤이 아니라 활기를 느낍니다.

이 문제는 앞에서 강조했던 내용으로 다시 돌아갑니다. 우리는 전도의 개념을 가르치고, 전도를 위한 훈련 체계를 마련하며, 실제로 그 일을 이루고, 그 과정에서 기쁨을 느끼고, 현장에서 승리를 경험하는 전도 지도자들을 세워야 합니다.

다섯 종류의 리더

안: 성장하는 교회를 위한 리더십을 논의하고 있는데, 이제 리더의 종류에 관해 이야기해 봅시다.

맥: 아마도 성장하는 교회에 필요한 다섯 가지 리더를 말하는 것 같군요. 저는 그들을 클래스1 리더(Class One leader), 클래스2 리더(Class Two leader), 클래스3 리더(Class Three leader), 클래스4 리더(Class Four leader), 클래스5 리더(Class Five leader)라고 부릅니다. 이들을 1등급 리더(first class leader), 2등급 리더(second class leader) 또는 3등급 리더(third class leader)로 부르면 안 됩니다. 그들 중 누구도 3등급 리더가 아닙니다! 올바른 용어를 사용해야 합니다. 클래스1, 클래스2, 클래스3, 클래스4, 클래스5. 이 개념은 매우 유용합니다.

안: 여기에서 말하는 클래스들은 무엇을 나타냅니까? 다섯 가지 리더들의 차이점은 무엇입니까?

맥: 클래스1 리더들은 기존 교회를 섬기는 사람들입니다. 그들은 교회학교 교사, 집사, 장로, 찬양 대원, 안내위원, 꽃꽂이하는 여성들, 아픈 신자들에게 전화하거나 방문하는 사람들입니다. 그들은 우리 교회의 위대한 군사들, 곧 시간을 자유롭게 내고 사역에 좋은 열매를 내는 능력 있는 그리스도인들입니다. 클래스1 리더들이 없다면 교회는 정말로 가련할 것입니다.

안: 클래스1 리더들은 대체로 교회를 유지하는 사역을 수행하는군요. 그렇다면 클래스2 리더들은 어떻습니까?

맥: 클래스2 리더들은 교회를 떠나 사역하는 자원봉사자들입니다. 그들은 그리스도가 필요한 지역 사회 주민들에게 적극적으로 다가갑니다. 그들은 두 명씩 짝을 지어 길을 따라 걸어가면서 집마다 초인종을 누르고 복음을 전하거나, 사람들을 가정 성경 공부에 초대하거나, 사람들이 예수 그리스도에 관한 지식을 얻는 데 도움이 되는 여러 가지 일을 합니다.

한번은 제가 버스로 필리핀을 여행하고 있었는데, 저와 동행한 목사가 창밖으로 대나무 숲을 가로질러 좁은 길을 올라가는 4명에서 5명의 젊은이를 가리켰습니다. "저 젊은 사람들이 보이세요?"

저는 "예, 그런데 저 사람들이 어디로 가고 있는 거죠?"라고 되물었습니다.

그러자 그는 이렇게 대답했습니다. "저 젊은이들은 저 언덕을 넘어 다른 쪽 마을로 5마일을 가서 세 가정과 함께 예배를 드릴 예정입니다. 그들은 노래를 잘하기 때문에 많은 비그리스도인의 마음을 사로잡을 것입니다." 지금 말씀드린 사례에 해당하는 사람들이 바로 클래스2 리더들입니다.

안: 그렇다면 클래스2 리더들은 어떤 형태로든지 비그리스도인들을 향한 선교 활동에 참여하는 사람들이군요.

맥: 그렇습니다. 성장을 위해서는 이런 사람들이 많이 있어야 합니다. 이제 클래스3 리더에 관해 말씀드리자면, 이들은 작은 교회의 지도자들입니다.

안: 그들은 사례비를 적게 받겠군요.

맥: 어떤 사람들은 아예 사례비를 받지 못할 수도 있습니다. 그들은 정기적으로 모이는, 4가정에서 5가정으로 구성된 가정교회를 이끄는 목회자일 수도 있습니다.

안: 이 리더들은 소그룹으로 모이는 그리스도인들과 협력하여 그들이 온전하게 자리를 잡도록 돕는 사역을 합니다.

맥: 그리스도인들의 소규모 모임들은 교회 성장에 매우 중요한 역할을 합니다. 일반적으로, 성장하기 시작하는 각 교회는 다소 작은 그룹들입니다. 우리에게는 교회를 시작하는 유일한 방법을 크고 아름답게 꾸며진 건물을 갖는 것으로 생각하는 경향이 있습니다. 그것이 사실이라면, 우리는 한꺼번에 많은 새로운 교회를 시작하지 못할 것입니다. 작고 인상적이지 않은 장소에서 모이는 교회들이 중요하며, 그 교회들의 지도자들이 클래스3 리더들입니다. 우리에게는 수많은 클래스3 리더들이 필요합니다!
　클래스4 리더들은 크고 확실하게 자리를 잡은 교회들의 유급 전문 지도자들입니다. 이들도 중요합니다. 클래스5 리더들은 두세 가지 언어를 알고 있을 뿐만 아니라 이 나라에서 저 나라로 여행하면서 세계적으로 활동하는 지도자들을 가리킵니다.

안: 미국에서 클래스5 리더는 교단의 지도자들이나 해외 지역의 지도자들이 되겠군요.

맥: 예, 지역 또는 국가 수준을 넘어서는 리더십이 여기에 해당할 수 있습니다.

안: 지금까지 다섯 클래스에 해당하는 리더들에 관해서 이야기를 나누었습니다. 그런데 만약 박사님의 교단이 성장하는 것을 보고 싶다면, 이 다섯 종류의 리더들을 어떻게 배분하시겠습니까?

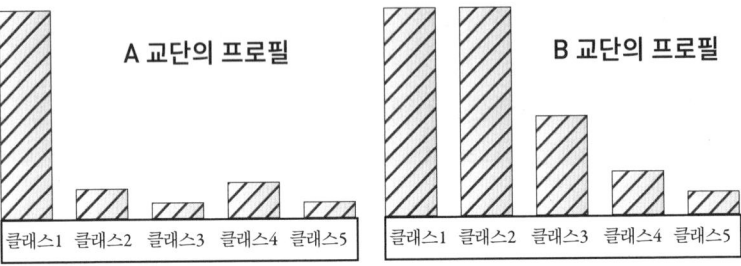

맥: 아주 중요한 질문입니다. 각 클래스의 리더 비율은 매우 중요한 문제입니다. 도표를 보시면, A 교단과 B 교단의 다이어그램이 있습니다. 각 교단의 프로필을 살펴보면, A 교단에는 클래스1 리더들이 많고, 클래스2 리더들은 사실상 거의 없으며, 클래스3 리더들은 아주 적다는 것을 알게 될 것입니다. 반면에 클래스4와 클래스5 리더들이 꽤 많습니다. 이것은 미국 교단의 전형적인 모습입니다.

이제 B 교단을 보겠습니다. 이 교단은 기존 교회에서 무보수로 자원봉사를 하는 많은 클래스1 리더들을 보유하고 있습니다. 하지만 보세요. 이 교단은 클래스1 리더들보다 선교 활동을 하는 클래스2 리더들이 더 많습니다! 또한 상당히 많은 클래스3 리더들, 예를 들자면 작은 교회, 기독교 소그룹, 가정 성경 공부 그룹을 이끄는 리더들이 있습니다. 클래스4 리더들은 다소 적고, 클래스5 리더들은 더 적습니다. 이 다이어그램을 볼 때 현재 성장하고 있으며 미래 성장 잠재력이 있는 교단은 어느 교단이라고 생각하십니까?

안: 저는 성장과 많은 클래스2 및 클래스3 리더 사이에 직접적인 관계

가 있다고 생각합니다. B 교단은 성장하고 있지만, A 교단은 그렇지 않습니다.

맥: 정확하게 보았습니다. B 교단은 성장하고 있는 교단입니다. A 교단은 성장을 위해 노력하는 사람이 없으므로 성장하지 않을 것입니다. A 교단이 성장하려면 클래스2 및 클래스3 리더를 늘리는 방도를 찾아야 합니다.

A 교단의 다양한 클래스 리더 수와 성장/비성장의 관계

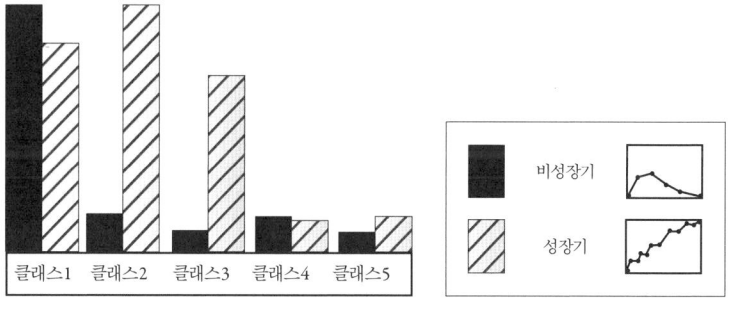

안: 이 원리를 교단의 성장 패턴을 넘어 지역 교회에도 적용할 수 있을까요? 저는 충분히 적용할 수 있다고 봅니다. 리더십을 사용할 때 교회는 성장을 위한 리더십을 전략적으로 계획하고 배치해야 합니다.

맥: 모든 지역 교회는 클래스1, 클래스2, 클래스3 리더들의 수를 세는 것이 좋습니다. 그렇게 함으로써 무언가를 알게 될 것입니다. 대부분의 교회는 아마도 클래스1 리더가 넘쳐날 것입니다. 교회가 성장하기를 원한다면, 그 목표는 클래스1 리더들과 클래스2 리더들의 수가 같아야 합니다.

안: 이런 리더십 클래스들이 정말 도움이 되긴 합니다마는, 그것들은 각각 밀폐된 채 독립적으로만 작용하지 않는다고 생각합니다. 제가 볼 때 그것들은 서로 연관되어 있고 여러 면에서 겹칩니다.

맥: 그렇습니다. 클래스1 리더는 대개 훌륭한 그리스도인입니다. 그들은 훈련만 받으면 아주 좋은 클래스2 리더가 될 수 있습니다. 우리는 어떤 사람들이 클래스1 리더가 되어 그 범주 안에 갇혀 있고, 어떤 사람들은 클래스2 리더가 되어 역시 마찬가지로 그 틀 안에 봉쇄되어 있다고 생각해서는 안 됩니다. 그것들 사이에는 겹치는 부분이 있기도 하지만, 또한 있어야 하기도 합니다.

안: 교실에서 가르치는 교회학교 교사는 클래스1 리더입니다. 그러나 같은 교사가 개인 전도를 하면-그렇게 하면서 수업을 담당할 수 있으므로-그는 클래스2 리더가 될 수 있을 것입니다.

맥: 그렇습니다. 그가 사람들을 그리스도께로 인도한다면 그는 더 나은 성경 교사가 될 것입니다. 성경은 그에게 흥미롭게 다가오고, 그는 성경에서 새로운 의미의 깊이를 찾게 될 것입니다. 만약 그가 본이 되어 사람들에게 영생을 소개하는 법을 보여준다면, 그는 학생들에게 본질적인 기독교를 더 잘 전달할 것입니다.

안: 성장하는 교회를 위한 리더십을 다룬 이 장을 마무리하면서 우리가 논의한 원리가 적용된 한 가지 사례를 들어 주실 수 있습니까?

맥: 푸에르토리코의 대도시 산후안에 빠르게 성장하는 교회가 있습니다. 그곳은 복음에 저항적인 도시였습니다. 그곳에서는 그동안 개신교 교회가 거의 성장하지 않았습니다. 사실 그곳은 교회가 죽

은 도시였습니다. 1941년 진주만이 공격당한 날, 어느 가정에서 9명의 교인으로 구성된 교회가 조직되었습니다. 그런데 13년이 지난 뒤 이 교회는 교인 수가 627명으로 늘어나 주목할 만한 교회 성장 사례가 되었습니다.

"어떻게 성장할 수 있었습니까?" 저는 이시드로 디아즈 담임목사에게 물었습니다. "분명히 목사님의 설교가 매우 강력하고 탁월했을 테지요."

그는 이렇게 대답했습니다. "저의 설교는 교회가 성장한 원인과 크게 관련이 없습니다. 성장의 동력은 우리가 가진 12개의 다락방에 있습니다."

"무슨 말인가요?" 제가 물었습니다.

그러자 그는 "우리는 회중을 12그룹으로 나누고, 성찬식을 제외하고는 매주 그룹별로 독자적인 예배를 드리게 했습니다."라고 대답했습니다.

그 말을 듣고 저는 이렇게 반응했습니다. "그러면 당신은 이 예배, 저 예배를 다니느라 몹시 바빴겠군요."

그러자 그는 다시 이렇게 말했습니다. "저는 그들이 드리는 예배 어디에도 참석하지 않습니다. 그것은 제 일이 아닙니다. 그것은 평신도들의 일입니다."

"오, 그렇다면 당신의 열두 지교회는 모두 평신도들이 이끌어 가는군요?"

그는 마지막으로 이렇게 대답했습니다. "예! 그 지교회는 교인이 아닌 사람들이 처음 예배에 참석하는 곳입니다. 그들은 그곳에 가면서도 교회에 가는 것으로 생각하지 않을 것입니다. 그들은 교회에 가는 것을 끔찍스럽게 생각할 테지만, 이웃 모임이라면 쉽게 갈 것입니다. 한 교회당 50명 정도로 구성된, 바로 이 열두 가정교회가 우리에게 성장의 기회를 제공하는 원동력입니다."

이 사례는 교회 성장에 관한 교훈으로 가득 차 있습니다. 이 교회는 단지 한 개의 교회 안에 실제 책임을 맡은 사람이 상대적으로 적은 구조가 아니라 12개의 지교회 안에 사역을 맡은 사람들이 많이 있는 구조라는 사실에 주목하시기 바랍니다. 각 지교회에는 최소 6명의 책임자가 있습니다. 그래서 70명에서 80명의 사람이 교회 성장에 대한 책임감을 느끼고 있을 뿐만 아니라 그 일에 적극적으로 참여하고 있습니다. 이 12개 회중은 각각 열심히 이웃을 전도하고 있습니다. 방문자들은 이 작은 교회의 일부가 되어 진정한 우정을 키울 수 있고, 진정한 보살핌을 받을 수 있고, 진정한 코이노니아를 경험할 수 있습니다. 진정한 책임은 평신도에게 위임됩니다. 그들은 이 12개의 교회를 스스로 운영하고 있습니다!

제가 푸에르토리코에 있는 그 교회에서 설교한 그날 밤, 고등학교 여교사 한 사람이 그리스도에 대한 신앙을 고백했습니다. 그녀는 1년 넘게 다락방에 참석했습니다. 신자가 된 뒤 그녀는 정식으로 신앙을 고백하기 위해 본 교회에 왔으며, 나중에 세례를 받고 첫 성만찬에 참여했습니다. 그 후 그녀는 주님을 만난 다락방(가정교회)의 일원으로 계속 활동했습니다.

안: 이번 장에서 발견한 원리는, 교회 성장이 일어나기 위해서는 평신도 지도자들-클래스2 리더와 클래스3 리더로 기능하는 지도자들-을 모집하고 훈련하는 것이 필요하다는 것입니다. 만약 당신이 열정적이고 훈련된 평신도들이 그리스도와 그분의 교회의 일을 수행하는 성장하는 교회를 관찰한다면 그 교회에 이 원리가 작용하고 있음을 발견하게 될 것입니다.

6장
성장하는 교회의 특징

안: 성장하는 교회들을 연구한 자료에 따르면, 그 교회들에 일정한 특징들이 반복적으로 나타납니다. 이 특징들은 모든 상황에서 같은 강도로 나타나지는 않지만, 성장하는 교회들에서 각기 어느 정도 중요한 역할을 하고 있습니다. 이 장에서 우리는 이 특징들을 심층적으로 다루기보다는 더 많은 분석과 토론을 위해 각 특징을 소개하는 데 초점을 맞추고자 합니다.

성장 목표

맥: 성장 목표는 교회가 자기 일에 대해서 진지하게 생각하고 있음을 나타냅니다. 교회는 자신의 사명을 충분히 숙고한 뒤에 세심하게 목표를 세웁니다. 교회는 발표하기 전에 몇 주 또는 몇 달 동안 이러한 목표를 논의합니다. 그 과정에서 교회는 통일성의 제한을 받습니다. 당회 구성원, 교인들, 목사, 여러 관계자가 모두 동의하지 않으면 결정을 내리지 않습니다.

덧붙여서, 우리가 지금 행하고 있는 것과 같은, 교회 성장에 관한 논의는 성장 목표를 형성하는 첫 단계가 될 수 있습니다. 어떤 그룹이 이 책을 읽고도 그 교회의 성장 목표를 설정하지 않는다면 정말 안타까운 일이 아닐 수 없습니다. 독자들이 이 모든 관점에서 자신의 교회에 관해 생각한 뒤 "우리의 상황에서 우리를 향한 하나님의 뜻은 우리가 이러저러한 일을 하는 것입니다."라고 말하는 것은 지극히 자연스러운 현상입니다.

안: 만약 교회가 어떤 목표를 정하지 않으면 교회에 속한 개별적인 조직들과 그리스도인들이, 대체로 명시적으로 드러내지는 않지만, 자신들만의 고유한 목표를 정할 것입니다. 찬양대, 청소년 그룹, 여성 그룹과 같은 부서들이 각각 자신들이 정한 목표를 추구하면서 교회의 힘은 다양한 방향으로 흩어집니다. 이 세력들이 제각기 다른 방법을 사용함으로써 전체 교회는 전혀 앞으로 나아가지 않습니다. 다양한 개인과 그룹이 모두 참여하는, 일치된 목표가 있을 때 정반대 조건이 형성됩니다. 그런 다음, 교회의 모든 부서가 같은 방향을 향해서 앞으로 나아갑니다. 그러면 그 교회는 성장하게 되는 거죠!

맥: 명확한 성장 목표가 없으면 교회는 고정되지 않은 배처럼 표류합니다! 성장 목표와 관련해서 가장 중요한 사항 중의 하나는 교회의 각 구성원이 성장 목표를 세우는 데 자신이 이바지했다고 느껴야 한다는 것입니다. 성장 목표를 수립하는 일은 결코 외부로부터 강요되어서는 안 되며, 구성원들의 신념을 바탕으로 내부에서 자라나야 합니다. 그럴 때 비로소 그들은 "이것이 우리의 목표입니다."라고 자랑스럽게 말할 수 있게 될 것입니다.

> 명확한 성장 목표가 없으면 교회는 고정되지 않은 배처럼 표류한다.

안: 그리스도인들이 기도하고 목표에 대해 서로 이야기할수록 성장 목표를 자신의 것으로 '소유'할 가능성이 커지는 것 같습니다. 구성원들 사이에 단합과 합의가 이루어지면 더 많은 사람이 목표 달성을 위해 노력할 것입니다.

맥: 예, 목표는 단기 목표와 장기 목표 두 가지를 모두 포함해야 합니다. 예를 들어 목표가 교회 수를 두 배로 늘리거나 여러 개의 자녀 교회(daughter churches)를 개척하는 것이라면 그것은 장기적인 목표가 될 수 있습니다. 수업을 열어 모든 교인이 교회 성장을 위한 성경적 필요성에 관해서 충분히 배우고, 모든 사람에게 예수 그리스도가 필요하다는 사실을 깨닫게 만드는 것을 첫 번째 단기 목표로 삼는 것도 좋습니다.

안: 장기 목표를 더 작은(단위별) 하위 목표로 나누는 것도 좋은 방법입니다. 예를 들어 5년 목표를 연간 목표로 세분화한 다음 다시 월간 목표로 세분화할 수 있습니다. 이렇게 나누면 진행 상황을 쉽게 볼 수 있습니다.

시간 활용

안: 제가 몇 년 전에 제작한 영화 '목사 찰리'(Charlie Churchman)에 관해서 잠시 말씀드리겠습니다. 이 영화를 통해서 우리는 당회 회의를 풍자하고자 했습니다. 회의에 늦게 오는 사람들, 부적절한 준비, 피상적인 의제와 같은 문제들을 보여주고자 했습니다.

맥: 유감스럽지만, 매우 익숙한 이야기인 것 같습니다.

안: 우리는 벽에 걸린 오래된 시계를 촬영했습니다. 또한 기계를 이용하여 찰리와 다른 당회원들에게 거미줄을 날려 보냈습니다. 시청자들이 웃습니다. 웃기는 진행이지만, 그들이 웃은 이유는 그 안에 진실이 있기 때문입니다. 지금까지 우리는 영원히 변하지 않을 것 같은 당회를 경험하지 않았습니까?

맥: 성장하는 교회는 교회의 모임을 진짜 중요한 사안으로 취급합니다. 이 말은 필요한 정보를 얻고 결정을 내릴 수 있도록 준비한다는 뜻입니다.

안: 교회에서 이루어지는 일들이 너무나 자주 조잡하고 준비되지 않은 방식으로 진행됩니다. 하지만 성장하는 교회는 시간을 활용하고 모임을 소중하게 여기지요.

맥: 저는 그게 사실이라고 생각합니다. 성장하는 교회는 자신이 어디로 가고 있는지를 알뿐만 아니라 거기에 도달하려고 노력합니다. 그리고 특정한 일을 하도록 하나님으로부터 위임을 받았다고 느낍니다. 긴박감과 중요성에 관한 인식은 성장하는 교회의 특징입니다.

안: 중요성과 긴급성은 성장하는 교회를 설명하는 적절한 말이라고 생각합니다. 이것들은 교회의 모든 모임에 나타납니다. 예를 들어 성장하는 교회의 찬양 리더들은 '시간을 채우기 위해' 다섯 개에서 여섯 개의 찬송가를 부르도록 인도하지 않습니다. 거기에는 긴박함이 있고 뚜렷한 목적이 있습니다. 사람들이 모이면 무언가 일이 일어납니다.

맥: 그리스도인들은 일반적으로 교회의 사업을 그들이 일주일 내내 매

달리는 세속적인 사업보다 더 많은 주의와 관심을 가지고 수행해야 한다는 데 동의할 것입니다. 하나님 백성의 모임은 올바르게 계획되고 민첩하게 실행되어야 합니다.

안: 사람들이 회의에 대해 어떻게 느끼는가가 매우 중요하며 때로는 회의 내용보다 훨씬 더 중요합니다.

맥: 동의합니다. 사람들이 스스로 시간을 낭비하지 않고 잘 사용하고 있다고 느낀다면, 당신은 그만큼 도덕적 명분을 손에 거머쥘 수 있을 것입니다.

안: 우리가 이야기 나눈 내용을 요약하자면, 성장하는 교회는 '시간의 가치를 중시한다'(redeems the time)고 말할 수 있겠군요.

제자도에 헌신한 교인들

맥: 위 제목의 핵심 단어는 '헌신한'(committed)입니다. 신자들은 일반적으로 그리스도께 헌신할 뿐만 아니라 그리스도의 특정한 목적, 곧 사람들이 그분 자신을 믿게 하여 영생을 찾도록 돕는 일에 헌신합니다.

안: 진정한 제자도(true discipleship)란 제자가 스승과 같은 목표와 목적을 가지고 있음을 의미합니다. 그러나 제자도에 대한 헌신이 교회 성장에 연결되려면 한 가지 차원이 추가되어야 합니다. 제

> 제자도에 대한 헌신이 교회 성장에 연결되려면 한 가지 차원, 즉 복음 전도에 대한 적극적인 참여가 추가되어야 한다.

자도는 복음 전도에 대한 적극적인 참여를 포함해야 합니다.

맥: 맞습니다! 그리스도인들은 다른 사람들을 그리스도께로 인도하기 위해 노력하고 있습니다. 그들은 지역 사회에서 자기 주변을 주의 깊게 살펴보면서 복음에 관해 들을 준비가 되어 있는 사람들을 찾습니다. 그리고 그들은 그리스도를 영접한 사람들의 숫자를 기록한 보고서를 제출합니다. 그들에게는 성장에 대한 계획이 있습니다. 다시 말해서 그들은 사람들을 그리스도께로 인도하기 위해 헌신합니다.

안: 예수님께서는 제자들을 부르실 때 "나를 따라오라. 내가 너희로 사람을 낚는 어부가 되게 하리라."(막 1:17)라고 말씀하셨습니다. 그것은 오늘날에도 여전히 제자로 부르시는 말씀입니다.

소그룹 모임

안: 윌리엄 제임스(William James)는, 효과적인 조직 운동의 기초는 헌신적인 사람들의 소그룹이라고 주장합니다. 소그룹은 교회를 정화(淨化)하는 요소일 뿐만 아니라 교회의 기도 요소이기도 합니다. 소그룹은 역동적입니다. 빵 한 덩어리에 누룩이 필요한 것처럼 교회에는 소그룹이 필요합니다. 소그룹에는 교회뿐만 아니라 지역 사회와 세상을 변화시키고 움직일 수 있는 강점, 능력, 봉사 활동이 있습니다.

맥: 어떤 경우에는 소그룹을 새로 만들어야 합니다. 또 어떤 경우에는 소그룹 사역 때문에 기존 교회 구조가 개편될 수도 있습니다.

안: 교회는 모든 교인을 조사하여 그리스도인들이 섬김을 받음으로써 다른 사람들을 섬길 수 있는 소그룹에 그들이 참여하고 있는지를 파악해야 합니다. 이런 필요를 충족시키기 위해 일부 교회는 구조를 바꾸었습니다. 구조를 완전히 재구성한 교회들도 있습니다.

맥: 소그룹의 권위자인 마이어스 박사(Dr. Meyers)는 교회학교가 성장하기를 원한다면 인원이 12명을 넘는 모든 반을 나눠야 한다고 말합니다. 수업이 12명 이상이 될 때마다 반을 나눠 새 반을 만듭니다. 그는 역동성을 설명할 수 있을 만큼 서로를 잘 알 수 있는 집단은 오직 소그룹뿐이라고 믿습니다.

안: 오늘날 성장하는 교회의 특성을 관찰해 보면 소그룹이 가장 중요합니다.

> 오늘날 성장하는 교회의 특징을 관찰해 보면 소그룹이 가장 중요하다.

맥: 마이어스 박사의 연구에 따르면, 교회의 성장은 목사의 훈련이나 교회학교, 건물 또는 음악 프로그램의 우수성과 관련이 없습니다. 그것은 가까이에서 얼굴을 마주 대할 수 있는 소그룹의 수와 관련이 있습니다. 교회에 이런 대면 소그룹이 많으면 성장합니다. 만약 교회학교 수업 규모가 크거나 교회 예배 규모가 크면 성장하지 않을 것입니다.

또한 소그룹 모임이 전도 지향적인 모임이어야 한다는 점을 덧붙이고 싶습니다. 소그룹들이 단지 따뜻하고 영적인 분위기가 있다고 해서 교회가 성장하는 것은 아닙니다. 하지만 이런 소그룹들이 외부 지향적이고, 교회 신자가 아닌 사람들에게 관심을 가지고, 그들이 사는 지역 사회에서 교인들을 얻는다면-요컨대 그들이 전도 지향적인 모임이라면- 이들의 존재는 매우 중요합니다.

최근 필리핀에서는 소그룹이 강조되고 있습니다. 모든 소그룹은 구성원의 50% 이상이 아직 예수 그리스도를 모르거나 믿지 않는 사람들로 구성되는 것을 목표로 삼고 있습니다. 이런 식으로 그리스도인과 비그리스도인이 거의 같은 비율로 구성되는 소그룹은 전도에 매우 효과적입니다.

안: 사람들이 소그룹 안에서 서로 좋은 관계를 누리는 것도 중요하지만, 복음 전도에 효과를 보려면 소그룹이 외향적으로 바뀌어야 한다는 말씀이군요.

맥: 그들은 불신자들을 소그룹으로 데려와야 합니다. '아직 믿지 않는' 사람들이 소그룹에서 진정한 교제를 경험하게 해야 합니다. 적절하게 사용하면 소그룹은 교회 성장에 정말 큰 역할을 할 수 있습니다.

직접 전도

안: 오늘날 전국에는 다양한 전도 모델이 있습니다. 박사님은 그중에 성공적인 패턴이 있다고 보십니까?

맥: 전국의 교회들이 주목하는 모델들은 적어도 한 교회에서 성공한 모델들입니다. 다른 교회들도 지역 상황에 맞게 수정한다면 얼마든지 같은 방법을 사용할 수 있습니다. 중요한 것은 그것들을 사용하여 사람들이 실제로 구주를 받아들이도록 인도하는 것입니다.

안: 모델은 다른 사람들이 어떻게 복음을 전하고 있는지 알 수 있도록 도와줍니다. 각 교회에는 고유한 특성이 있고 지역 사회마다 고유한 필요(needs)가 있음을 기억하고, 교회가 자신과 그 지역 사회

에 적합한 직접 전도 프로그램을 만들 수 있다면 더 성공적일 것입니다.

맥: 직접 전도에 대해 논의하고 계획할 때, 우리가 실제로 하는 직접 전도 활동과 여기에 투입하는 시간에 대해 정직하게 말해봅시다. 어떤 경우에는 꽤 잘하는 것처럼 보이고, 어떤 경우에는 거의 아무것도 하지 않는 것처럼 보입니다. 반면에 또 어떤 경우에는 거의 아무것도 하지 않고 있다는 것을 알게 될 것입니다. 우리에게 필요한 것은 무언가를 시작하거나 혁신하거나 빌리거나 적응하는 것입니다. 전체적으로 볼 때, 각 교회는 직접 전도 활동을 크게 늘려야 합니다.

안: 시간과 노력의 양, 직접 전도에 참여하는 사람들의 수와 교회의 성장 사이에는 일정한 관계가 있습니다.

> **시간과 노력의 양, 직접 전도에 참여하는 사람들의 수와 교회의 성장 사이에는 일정한 관계가 있다.**

맥: 그것에 관해서는 의문의 여지가 없습니다. 직접 전도에 참여하는 사람들의 수는 결과에 영향을 미칩니다. 직접 전도 활동을 하는 신자들이 A 교회에는 20명이 있고, B 교회에는 200명이 있다면 B 교회가 A 교회보다 더 성장할 것입니다.

안: 직접 전도를 고려할 때, 저는 우리가 4년에 한 번씩 1주에서 2주 동안 지속하는 특별한 전도운동(crusade)이나 지역 교회에서 1년에 한 번 하는 전도대회에 관해 이야기하는 것이 아님을 강조하고 싶습니다. 우리에게는 1년 52주 동안 지속해서 하는 전도 프로그램이 필요합니다.

맥: 절대적으로 옳은 말입니다. 1년에 한 번 전도 주간에만 전도하는 교회들은 대체로 성장하는 교회가 아닙니다. 반면에 정기적인 전도 활동을 통해서 계속해서 전도하며, 당회 때마다 전도 결과를 보고하고, 목양실이나 당회실에 교회의 성장을 한눈에 볼 수 있는 도면들을 걸어 놓은 교회들은 대체로 성장하는 교회입니다.

사람들의 필요를 채워주는 다양한 사역

안: 사람들은 참 다양합니다. 그들은 하나의 틀에 맞지 않습니다. 이런 개인차를 인식하고 사람들의 필요를 충족시키기 위해 노력하는 교회가 주로 성장합니다.

> 이런 개인차를 인식하고 사람들의 필요를 충족시키기 위해 노력하는 교회는 성장하는 경향이 있다.

맥: 맞습니다. 우리가 지금까지 전도에 관해 많은 이야기를 나눴지만, 전도를 좁은 의미로 해석해서는 안 됩니다. 전도는 단순히 듣기를 원치 않는 사람을 붙들고 예수님에 관해 말하는 것이 아닙니다. 먼저 그들의 필요에 대한 관심이 있어야 합니다. 교회는 사람들이 처한 상황 속에서 기꺼이 그들을 만날 준비가 되어 있어야 합니다.

예를 들어 어린 자녀가 있는 가정들이 교회에 출석하기 시작하면 어머니가 교회에 와서 자녀를 맡기고 예배를 드릴 수 있도록 적절한 보육시설을 제공해야 합니다. 아마도 젊은이들을 위한 스카우트단을 조직하거나 놀이 프로그램을 마련해야 할 수도 있습니다. 또한 영어 수업이 소수 집단의 일부 구성원들에게 도움이 될 수도 있습니다. 진정한 전도는 **사람들을** 사랑하고, 그들의 필요를 인식하고, 그들을 도우려고 합니다.

그러나 필요를 충족시키는 것 자체가 전도인 것은 아님을 기억하시기 바랍니다. 사회 활동이 전도를 대신해서는 안 됩니다. 양들을 찾아서 우리로 데려와 먹이를 주어야 합니다.

안: 따라서 성장하는 교회는 자기 교인들의 필요, 지역 사회의 필요, 세상의 필요에 민감한 교회이며, 여러 영역에서 이런 필요를 충족시키기 위해 노력합니다. 하지만 교회가 관심을 가지는 영역들이 너무 넓어지면 위험할 수 있다고 생각합니다.

맥: 주변을 보면, 전혀 성장하지 않는데도 선행을 크게 증대시키는 교회가 많습니다. 이것이 교회 성장 의식(church growth conscience)이 필요한 이유입니다. 그리스도인들은 사람들의 **현세적인** 필요를 섬기는 일을 일차적인 임무로 생각하지 말아야 합니다. 우리가 그들을 섬기는 이유는 그들이 하나님의 자녀이기 때문입니다. 또한 그들이 불멸의 영혼이고 그들에게 영원한 필요가 있기 때문입니다. 물론 우리는 다양한 환경에서 그들의 현세적 필요를 충족시켜 주어야 합니다. 하지만 동시에 우리는 단순히 식탁 시중만 들거나 단순히 몸만 치료하지 않도록 주의해야 합니다. 그리스도인들은 다른 사람들을 육체**와 영혼으로** 여기고 '**하나님**의 형상대로 만들어진 온전한 인간'(the whole man)의 필요를 충족시키기 위해 노력해야 합니다.

안: 온전한 인간의 필요를 충족시키는 교회는 성장하는 교회입니다. 그 교회가 성장하는 이유는 모든 사람에게 그런 교회가 필요하고 그들이 그런 교회에 반응하기 때문입니다.

리더 훈련

안: 저는 신약성경의 교회에서 오늘날에 이르기까지 언제나 리더십 훈련이 교회 성장의 주된 비밀이었다고 믿습니다.

맥: 맞습니다. 하지만 그것은 특별한 종류의 리더십 훈련이어야 합니다. 리더십 훈련은 50가지 색상을 띠고 있습니다. 다시 말해서 당신은 여러 가지 방법으로 리더들을 훈련할 수 있습니다. 우리는 리더들이 교회 성장에 관한 훈련을 받도록 해야 합니다. 그들은 '교회 성장형 시각'(church-growth eyes)을 가져야 합니다. 그들은 회중을 크리스천 클럽이 아닌 **교회**로 보아야 합니다. 그들은 도시를 예수 그리스도가 절실히 필요한 곳으로 보아야 하고, 교회를 그 필요에 대한 답으로 보아야 합니다. 요컨대, 우리는 모두 철저하게 기독교적 관점에서 리더십 훈련을 생각해야 합니다.

안: 리더십 개발은 교회 성장 훈련을 지속해서 진행할 수 있는 계획을 전제로 합니다.

맥: 저는 모든 교회가 교회 성장에 관한 정기적인 훈련 수업을 마련할 수 있다고 말하고 싶습니다. 어느 그룹이든 이미 훈련 수업을 시행한 교회들과 풍부한 서적 및 잡지를 통해 교회 성장을 공부하고, 교회 성장이 특정 지역 사회에 어떻게 영향을 미치는지 알 수 있습니다.

안: 현대의 교회 성장은 흥미로운 연구가 될 수 있습니다. 예를 들어 각 교회는 단순히 "우리는 휴스턴이나 콜럼버스 또는 밀워키에 있는 교회입니다."라고 말해서는 안 됩니다. 대신 이렇게 말해야 합

니다. "우리는 우리가 사는 도시의 특정 지역에 있는 교회이며, 이 지역에는 나름의 고유한 특성이 있습니다. 우리 교회는 이렇게 할 때 성장할 것이고 저렇게 하면 성장하지 않을 것입니다. 이 지역에서 그리스도가 필요한 사람들은 다른 지역에서 그리스도가 필요한 사람들과 다릅니다."

맥: 그런 생각이 교회의 모든 구성원-청장년 남성, 청장년 여성 또는 청소년-의 의식에 일반화되어야 하며, 또한 그렇게 될 수 있습니다. '교회 성장을 위한 리더 훈련'이 바로 그들에게 그런 생각을 심는 과정입니다.

안: 예수님께서 70명을 두 명씩 보내셨을 때 분명히 이 전도 여행에 앞서 그들을 훈련하셨을 것입니다.

맥: 예! 예수님께서는 제자들에게 하나님의 나라가 가까이 왔다고 선언해야 한다고 말씀하셨습니다. 그들을 파송하기 전날 우리 주님은 하나님의 나라가 무엇을 의미하는지 그들에게 말씀하셨습니다. 70명의 제자는 유대 산지에 있는 여러 마을에 갔을 때 하나님의 나라에 관해 배운 것을 가르쳤습니다. 주님의 부활 이후에 이루어진 놀라운 교회 성장은 의심할 여지 없이 부분적으로 이 전도 여행과 그분이 제자들을 보내기 전에 그들을 훈련한 것과 관련이 있을 것입니다.

안: 지금까지 우리는 성장하는 교회의 특징에 관해 이야기를 나누었습니다. 이제 이후에는 이런 특징에 대해 논의하고 이를 자신의 교회와 지역 사회에 적용하는 중요한 단계가 필요한데, 이것은 순전히 독자들의 몫입니다.

7장
제일 교회

안: '제일 교회'(First Church)의 프로필을 살펴보시지요. 모든 교회가 다 독특하지만, 이 교회는 일정한 유형들로 분류될 수 있습니다. 제가 설명하려고 하는 교회는 전형적인 시내 교회입니다. 첨탑이 비즈니스 지구에 속한 건물들 사이에서 하늘을 향해 높이 솟아 있는 교회죠. 상업 건축물들이 그 교회를 둘러싸고 있습니다.

교인 수는 수천 명이지만, 많은 사람이 활동하지 않습니다. 교인들은 주로 외곽 지역에 거주하며, 그곳에서 예배를 드리러 왔다 갑니다. '제일 교회'의 대가족 그룹들은 3대째 같은 교회에 출석하는 것을 자랑스럽게 생각합니다. 교회의 많은 방과 시설에는 그들과 관련된 가족 이름들이 걸려 있습니다. 교회에 대한 충성심은 세대를 거듭하면서 느슨해졌지만, 교회에 기부금과 기증품을 내는 것만큼은 가족 전통으로 이어가고 있습니다. '제일 교회'의 교인들은 지역 사회의 리더십과 관련이 있으며, 이 교회를 고향 교회라고 말하는 명망 있는 사람들이 꽤 많은 편입니다.

회중은 많은 노인, 일부 중년 성인, 소수의 젊은 성인으로 구성되어 있습니다. 교회학교와 청소년 프로그램은 부모가 교회에 참석하지 않는, 교회 근처에 사는 약간의 아이들로 채워집니다. 한때 오른쪽으로 상승했던 성장 곡선은 몇 년 전부터 수평 상태를 보이다가 최근에는 하향하고 있습니다.

교회 건물은 몇 세대 전 스타일입니다. 시설은 회중이 현재 원하는 수준을 능가하며, 공간은 스포츠, 예배, 기독교 교육, 교제 및 연회를 진행하는 데 부족하지 않을 정도로 넉넉합니다.

기부금과 청지기 캠페인(all-member canvasses: 모든 교인이 관대함과 헌신의 표현으로 다가오는 해에 헌금, 시간, 재능을 드릴 것을 서약하도록 위원들이 각 가정을 방문하거나 전화로 촉구하는 캠페인-역자 주) 때문에 교회 자금 조달은 문제가 되지 않습니다. 교회 수입은 지역 교회, 교단 및 기타 명분이 있는 재정 지출의 필요를 채울 수 있을 정도로 넉넉합니다. 교회의 부(富)는 여러 사역에 반영됩니다. 많은 직원(우리나라에서는 관리, 청소, 운전 등 목회 이외의 일을 하는 평신도들이 직원이지만, 여기에서는 주로 목회를 돕는 부교역자들을 가리킨다-역자 주)이 고용됩니다. 급여 대상자 명단에는 23명의 직원이 포함됩니다. 평신도들은 교회의 모든 일을 전문 직원에게 위임합니다. 일부 평신도들이 참여하는 경우가 당회, 위원회 및 기타 직무에서 볼 수 있지만, 교회는 이미 대부분의 일을 시키기 위해 보수를 주고 있으므로 일이 생기면 먼저 유급 직원을 찾습니다!

예배는 '제일 교회'의 핵심적인 활동이며, 예배 중에서도 강단 메시지에 많은 중점을 두고 있습니다.

맥: 당신은 방금 공동으로 모이는 회중에 관해 설명했습니다. 각 도시에는 여러 개의 회중이 있으며, 전국적으로 수많은 회중이 있습니다. '제일 교회'에는 나름 명예로운 역사가 있습니다. 사실 이 유형의 교회는 지금까지 교단의 주요 교회 중 하나로 기능했으며, 현재에도 주목할 만한 봉사 사역을 수행하고 있습니다. 23명의 고용된 직원들은 매우 훌륭한 일을 하고 있습니다.

질병의 증상

안: 이 '제일 교회'를 보면서 건강하다고 느끼십니까?

맥: 아니요, 아닙니다. 명예로운 역사가 있고, 번식의 관점에서 현재 주목할 만한 봉사를 하고 있다는 사실에도 불구하고, 이 교회는 병들었습니다. 교인 수가 감소하고 있습니다. 어쩌면 '제일 교회'는 과거에 교회 주변에 넘쳐나는 사람들, 곧 영적으로 굶주리고, 좌절하고, 소외된 수많은 비그리스도인을 문자 그대로 우리 안으로 끌어들였을지도 모릅니다. 하지만 지금은 그리스도가 필요한 무리 가운데서 전혀 재생산하지 못하는 교회, 정적인 교회, 아무런 열매도 없는 무익한 교회로 존재하고 있는데, 이것은 정상이 아닙니다. 이 교회는 병든 것입니다!

> 전혀 재생산하지 못하는 교회, 정적인 교회, 아무런 열매도 없는 무익한 교회로 존재하는 것은 정상이 아니다.

안: 병이 들었다고요? 그렇다면 질병의 증상에는 어떤 것이 있습니까?

맥: 한 가지 두드러진 증상은 제가 종종 '성직자 우월주의'(clerical dominance)라고 부르는 것입니다. '제일 교회'는 유급 직원들이 운영합니다. 평신도는 소수의 사람들만이 일부 영역에서 일을 합니다. 그들은 주로 당회와 각종 위원회에서 활동합니다. 아마도 이들이 교회 내부의 일을 주도적으로 이끌어나갈 것입니다. 그런데도 이 교회에서 23명의 유급 직원, 훌륭한 설교, 아름다운 음악, 고품격 예배를 장악하고 있는 사람들은 바로 성직자들입니다.

안: 전국에 있는 수많은 교회가 직원 규모를 늘리기 위해 굉장히 노력하

고 있습니다. 그런데 박사님은 이 모습이 이상적이지 않다고 말씀하시는군요.

맥: 그 점이 바로 제가 말하고자 하는 것입니다. 닐 브라운(Neil Braun)의 책은 제가 말하는 요점을 정확하게 설명하고 있습니다. 그는 전체 교인 수 대비 유급 직원의 비율을 파악하기 위해 전 세계를 다니며 수많은 교회를 연구했는데, 일반적으로 유급 직원이 많을 때 교회가 성장하지 않는 결과를 낳는다는 사실을 발견했습니다. 반면에 평신도 리더십을 강조하는 교회들은 성장하고 있습니다. 『평신도를 동원하라』(*Laity Mobilized*)라는 그의 책은 비록 해외 상황들을 설명하지만, 미국 상황에서도 충분히 읽을 가치가 있습니다.

안: 유급 직원을 두는 것은 좋은 일이지만, 그가 평신도의 책임을 떠맡는 것은 결코 좋은 일이 아닙니다. 제가 박사님의 말을 제대로 이해한 건가요?

맥: 그렇습니다. 유급 지도자들은 '그것은 본래 **우리가 해야 할 일**이 아니며, 따라서 우리가 먼저 다른 **사람들을 일하게 하는 것**이 중요하다.'라고 생각해야 합니다.

안: 이제 그 말씀을 '제일 교회'에 적용해서 말씀해 주시지요.

맥: 저는 지금 "유급 직원들을 해고하십시오!"라고 말하는 것이 아니라 "직원들이 교회 성장을 위해 전체 교인을 훈련해야 합니다."라고 말하고 있는 것입니다. 어느 한 교회의 전체 교인이 2,300명인데, 유급 직원은 23명이라고 가정해 봅시다. 이 경우에 당신은 모든 직원에게 이렇게 말해야 합니다. "다른 사람들을 그리스도에게로 인

도하는 방법을 배우고, 그들을 기독교 소그룹으로 조직하는 방법을 배우십시오. 그런 다음 2,300명 중 100명을 선발하여 개인 전도를 훈련하십시오." 그러면 얼마 지나지 않아 교회는 전혀 다른 변화의 물결을 경험하게 될 것입니다.

안: '제일 교회'에 나타나는 또 다른 질병 증상이 있습니까?

맥: 있습니다. '제일 교회'와 관련된 또 하나의 문제는 교회에서 일하는 모든 평신도가 클래스1 리더라는 것입니다. 즉 그들의 관심은 오로지 교회 유지에 있습니다. 그들은 기존 교인들에게 이로운 일을 하고 있습니다. 그들은 건축위원회, 청소년위원회, 교회학교 임원, 당회 또는 재정위원회에 속해 있습니다. 여기에 관련된 사람들이 모두 클래스1 리더입니다. 클래스2 리더 또는 클래스3 리더는 충분하지 않습니다. 이 교회의 교인 2,300명 중 전도-어떤 종류의 전도라도-에 참여하는 사람은 거의 없을 것입니다. 이 불균형을 바로 잡아야 합니다.

안: 평신도 지도자 대부분이 클래스1 리더인 교회는 자기중심적이며, 성장할 가능성이 별로 없습니다.

내향적 소그룹

맥: 그렇습니다! 사실상 성장이 사실상 불가능하다고 봐야겠지요. 그러므로 이 교회가 해야 할 일 중 하나는 외부 지향적 소그룹들을 만드는 것입니다. 아마도 당신은 소그룹이 교회의 삶에 혁신을 일으키는 것을 자주 보았을 것입니다. 그렇다면 '제일 교회'에서 소그룹

이 작동하는 과정을 설명해 주시겠습니까?

안: 소그룹은 '제일 교회'에서도 중요합니다. 2,300명의 교인은 자신의 성장과 교회의 성장을 위해 많은 책임 있는 그룹을 구성해야 합니다. 그 그룹들은 서로 연결되기도 하고 구별되기도 해야 합니다. 그들은 구성원들이 어떤 경우에도 떨어져 나가지 않도록 서로에 관해 잘 알고 있어야 합니다. 그리고 소그룹에는 또 다른 기능도 있습니다. 구성원들을 훈련하는 것입니다.

조금 전에 박사님은 각 목회자가 100명씩 맡아서 훈련하는 방식에 관해서 말씀하셨습니다. 그런데 저는 또 다른 모델, 곧 100명을 소그룹으로 나누고, 그 그룹 안에서 각 유급 직원이 개인적으로 몇 명의 핵심 리더를 훈련하고, 훈련된 그 리더들이 다시 다른 사람들을 훈련하는 방식을 생각하고 있습니다. 이런 식이라면, 얼마 지나지 않아 클래스2 리더의 수가 빠르게 증식되고, 새로운 관계 정신이 교회 전체에 침투할 것입니다.

맥: 그런데 소그룹이 내향적일 수 있음을 기억할 필요가 있습니다. 기존 신자들은 소그룹을 통해서 함께 모이고, 함께 성경을 공부하고, 함께 기도하고, 서로를 알아 가고, 서로에 대해 친근감을 느낄 것입니다. 하지만 그 과정이 거기서 멈추면 많은 것을 얻지 못합니다. 당신은 성도들 사이에서 좋은 느낌을 얻을 것입니다. 물론 그것은 좋은 일이지만, 소그룹은 그 이상이 되어야 합니다. 모든 소그룹은 **세상을 향해** 개방적이어야 합니다. 모든 소그룹 구성원은 "우리는 아직 회심하지 않은 사람들을 이 소그룹을 통해 회심시키고, 영적으로 굶주린 사람들에게 충분한 양식을 공급하지 않는 한- 충분히 공급할 때까지- 우리는 실패한 것이나 다름없습니다."라고 말해야 합니다.

변화에 대한 저항

안: 이것은 우리를 '가능성 찾기'(seeing the possibilities)라는 교회 성장의 초기 원리로 돌아가게 합니다. '제일 교회' 교인들이 성장하지 않는 현상에 대해 얼마나 쉽게 변명하는지 생각해 보세요. 그들은 이렇게 말합니다. "우리는 있는 그대로를 좋아합니다." "우리가 왜 성장해야 합니까?" "우리 교회는 우리가 원하는 만큼 충분히 큽니다." 성장하지 않는 현상에 대한 이 모든 변명은 완전히 제거되어야 하며, 대신 신약성경 전반에 걸쳐 우리가 발견하는 비전과 부담이 교회의 모든 조직과 구성원의 특징이 되어야 합니다.

맥: 모든 교회는 자기합리화와 자기방어를 위해 노력합니다. 때로는 목사 자신이 벌어진 현실에 대해서 신학적 방어 논리를 고안해 낼 것입니다. 그는 "우리는 이런 식으로 진행되는 것을 좋아합니다."라고 말할 뿐만 아니라 "하나님도 이렇게 되는 것을 원하십니다."라고 말할 것입니다. 그리고 그는 성경을 인용하여 일이 당연히 그렇게 진행되어야 하고, 심지어 그것은 하나님께서 원하시는 일이라고 설명할 것입니다. 교회가 질적인 측면이 좋고 양적인 측면이 부족한 경우에는 하나님께서 양이 아니라 질에 관심이 있다고 말할 것입니다. 이런 합리화는 꽤나 솔깃합니다. 하지만 그리스도인들은 이런 합리화를 경계해야 합니다. 특히 목회자들은 패배를 합리화하는 신학적 논리를 고안하지 말아야 합니다.

성장 목표

안: 성장하는 교회에는 성장 목표가 있습니다. 그런데 '제일 교회'가 이

런 목표를 가지고 있다고 보십니까?

맥: 아니요, 그것이 그 교회가 성장하지 못하는 주된 이유입니다. 말하자면 그 교회에는 자녀 교회들을 개척하고, 다른 사람들을 그리스도께로 인도하고, 그들을 하나의 가족으로 육성하려는 의도가 없습니다. 이 교회는 교인들이 계속 감소해도 현실에 만족하거나 현실을 감수할 뿐입니다. 그들이 이런 현실을 좋아하지 않을 수도 있지만, 분명한 사실은 그들이 이 문제에 어떻게 대처해야 할지 잘 모른다는 것입니다. 그들과 같은 부류에 속한 사람들은 교외로 이사했고, 현재 교회에서 1마일에서 2마일 이내에 사는 사람들은 오지 않습니다. 심지어 이웃 사람들이 교회를 방문하더라도 편안함을 느끼지 못합니다. 여기에는 우리가 이전에 논의한 다양한 하위문화의 문제가 있습니다. 이 교회의 신자들은 하나의 미국 하위문화를 형성하고 있습니다. 하지만 교회 주변에 사는 사람들은 다른 하위문화를 형성하고 있습니다. 결과적으로, 효과적인 전도는 좋은 의도보다, 어떤 자발적인 노력보다 더 많은 것을 필요로 합니다. 그중의 하나가 견실하고 대담한 계획입니다. 성장하려면 긍정적인 결단이 필요합니다. '제일 교회'는 실제 상황을 파악하고 기본 정책의 방향을 180도 전환해야 합니다.

안: 그렇다면 '제일 교회'에 관해 우리가 알고 있는 것들을 고려할 때 박사님은 그 교회에 어떤 구체적인 목표를 제시하시겠습니까?

맥: 교회 성장의 목표를 개발하기 위해 첫 번째로 필요한 것은 가능성에 대한 조사입니다. '제일 교회'는 실제로 어떤 성장 가능성을 가지고 있을까요?

안: 먼저 동질집단들을 찾기 위해 지역 사회와 교회에서 가능성 조사를 실시해야 합니다. 왜냐하면 그 동질집단들 속에서 성장 가능성이 있는 기독교 소그룹이 시작될 수 있기 때문입니다.

맥: 예를 들어 이 교회는 진정한 교회 성장의 기회가 될 만한 6개의 영역을 찾는 것에서부터 시작할 수 있습니다. 적절한 조사가 진행되면 6개가 아니라 더 많은 기회를 얻을 수도 있습니다. 설문 조사는 24개의 기회가 준비될 때까지 교회 당회, 직원들과 교인들에게 계속되어야 합니다. 설문 조사에 많은 비용이 들 것입니다. 하지만 돈은 '제일 교회'가 가지고 있는 것 중 하나이기 때문에 충분히 감당할 수 있습니다.

안: 가능성이 있는 영역을 모두 알게 되면 다음 단계는 우선순위를 결정하는 것입니다. 여러 기회 중에서 어느 기회가 가장 큰 가능성을 가지고 있을까요? 그것들은 어떤 순서로 개발되어야 합니까?

맥: 그렇다면 이런 광맥을 채굴하기 위한 지능적인 계획이 필요합니다. 예를 들어 '제일 교회'는 수 마일 떨어진 적절한 인구 집단에 교회를 개척할 수도 있고, 인접 지역에 셀 그룹을 증식할 수도 있습니다. 이 시점에서 목회자와 평신도들은 이 분야에서 전문성을 갖춘 교회 성장 컨설턴트의 도움이 필요할 수도 있습니다.

안: 요약하자면 '제일 교회'는 성장 목표가 필요합니다. 이는 교회와 함께 지역 사회를 조사하여 사실적인 정보를 사용할 수 있게 될 때 결정될 것입니다. 지역 사회에는 교인들과 잘 어울릴 수 있는 동질집단들이 있으며, '제일 교회'는 "이 영역에 집중해야 한다."라고 결론을 내릴 것입니다. 기회가 보이면 우선순위를 신중하게 설정하

고, 이런 성장 가능성을 개발하기 위해 자원을 모아야 합니다.

측정

안: 그 다음은 무엇입니까?

맥: 그다음은 교회의 기존 성장을 측정하는 것인데, 이것은 '제일 교회'를 깨워 교회 성장의 기회를 포착하게 하고, 상황을 제대로 인식하게 만드는 과정의 한 부분입니다. 여기서 문제의 핵심은 성장에 관한 다양한 수준의 연구가 수행되지 않았다는 것입니다. 저는 지난 30년 동안 이 교회의 성장을 보여주는 간단한 선 그래프가 모든 교인에게 유익할 것으로 생각합니다. 또한 연령대에 따라 선 그래프를 그리면 그 과정이 더 분명하게 드러날 것입니다. '50세 이상' 그래프의 교인 수 증가는 어떻습니까? 청년 그룹은 얼마나 성장했습니까? 청소년의 성장은 어떻습니까? 교외에서 오는 교인의 비율은 얼마입니까? 교회 근처에서 오는 사람들은 몇 명입니까? 이런 연구가 이루어지면 교인들은 교회와 각 집단이 성장하고 있는 비율 또는 성장하지 않는 비율을 정확히 알게 될 것입니다. 이 조사를 완료하고 결과를 교인들에게 알려 공유하면 '제일 교회'는 훨씬 더 쉽게 성장을 계획할 수 있을 것입니다.

안: 박사님은 방금 **교인들**에게 이런 사실을 알려주어야 한다고 말씀하셨습니다. 저는 이것이 중요한 인식이라고 생각합니다. 주로 지도자들, 평신도들 또는 목회자들은 이 정보를 공유하지만, 회중에게는 거의 알려주지 않습니다. 효과적인 의사소통은 어떤 규모의 교회든지 간에 매우 중요하며, 집단이 클수록 소통은 점점 더 어려워집니다.

맥: 교회의 모든 구성원이 과거의 성장 역사, 성장 가능성, 성장 계획에 관해 정확한 지식을 가지고 있다고 가정해 봅시다. 이 교회가 많은 선한 활동-자선 활동, 소년 소녀 클럽, 농구 등-을 하는 동안 전혀 신앙을 전달하지 못했다는 것을 측정, 파악했다고 가정해 봅시다. 말 그대로 수백 명의 회심자와 십여 개의 지교회가 흩어져 있는 '제일 교회'가 현재 많은 선한 일을 하면서도 서서히 시들어가고 있다는 사실이 교인들에게 알려졌다고 가정해 봅시다!

안: 목회자가, 교회가 발전하고 있지 않다는 것을 교인들에게 밝혀야 한다는 것은 얼마나 두려운 일입니까! 사실, 조사와 측정은 누구에게나 교회의 숨겨진 이면을 밝히라고 요구합니다.

맥: 우리는 교회 성장의 관점에서 현재 일어나고 있는 현실을 계량화해서 그것을 볼 수 있도록 해야 합니다. 어쩌면 '제일 교회'의 질(質)은 높을지도 모릅니다. 하지만 그 교회에서 병든 곳은 질적인 부분이 아니라 양적인 부분입니다. 따라서 '제일 교회'가 건강과 활력을 되찾기 위해 해야 할 일 중 하나는 그 도시에 있는 다른 사람들에게 기독교 신앙을 전할 의무를 자각하는 것입니다.

리더십 개발

안: 성장하는 교회의 특징은 그 교회가 지도자를 양성하는 데 있습니다. '제일 교회'의 프로필에서 우리는 나이가 많은 어른들이 리더십을 행사한다는 것을 발견했습니다. 박사님은 이것을 어떻게 보십니까?

맥: 나름 정상적이고 합리적인 현상입니다. 그 교회의 지도자들이 누구입니까? 그들은 책임감이 있는 연장자들입니다. 그들은 확실히 믿을 수 있는 사람들이며, 자신이 말한 것을 반드시 지키는 사람들입니다! 그런데 지도자들은 믿을 만한 사람들에게 끌립니다. 이런 상황에서 당신은 자연스럽게 연장자 그룹에 소속될 것입니다. 그러면 결국 당신은 연장자들이 있는 그룹에 소속되어 그들이 하던 일을 물려받게 될 것입니다. 하지만 새로운 회심자들, 곧 교회에 새로 추가된 사람들은 누군가를 이끌 기회를 거의 얻지 못합니다. 처음부터 소수인 새로운 회심자들의 리더십 개발에 관심을 가지는 사람은 아무도 없습니다. 따라서 교회가 성장하기 위해서는 지나치게 힘든 일을 수행하는 새로운 회심자 리더들의 관점에서 평신도 리더십을 재평가해야 합니다.

안: 새로운 회심자가 없다는 사실을 알게 되면 매우 당황스러울 것입니다. 하지만 이것은 복음 전도의 필요성에 초점을 맞추는 계기가 될 수 있습니다.

맥: 복음 전도 활동이 이루어지면 몇몇 새로운 회심자가 생겨날 것입니다. 이 새로운 회심자들은 될 수 있는 대로 책임감 있고 명예로운 역할을 할 수 있도록 배려해줘야 합니다. 그렇다고 해서 반드시 연장자들이 해왔던 일을 맡아야 하는 것은 아닙니다. 그보다는 새로 들어온 신자들이 할 수 있는 기독교 활동으로 그들을 이끌어주는 것이 중요합니다.

안: 결국 '제일 교회'가 성장하려면 새로운 회심자들이 일할 수 있도록 조직과 구조를 유연하게 바꿔야 한다는 말씀이군요.

맥: 그렇습니다.

재생산

안: '제일 교회'는 교단중앙기금과 여러 선교회에 많은 후원을 해왔습니다.

맥: 후원은 좋은 일이지만 완전히 적절한 것은 아닙니다. 저는 '제일 교회'는 교단에서 가장 후원을 많이 하는 교회 중 하나라고 생각합니다. 선교회 서기는 이 지역에 올 때마다 항상 '제일 교회'에 와서 설교했습니다. 교인들은 그들의 '선교 후원 목록'에서 교단에 후원금을 낸 기록이 대부분을 차지하고 있다는 사실에 큰 자부심을 느낍니다. 교인들은 그 후원금이 어디에 쓰였는지는 잘 모릅니다. 하지만 조사를 해보면, 그들이 낸 많은 후원금이 병원, 나병 환자의 가정, 문맹 퇴치 사업, 기타 제도적 접근과 같은 사회봉사(social service) 또는 사회 행동(social action)에 사용된다는 것을 알게 될 것입니다.

안: 요점이 뭐죠?

맥: 제 말의 요점은 이 모든 것이 선한 사업인 것은 분명하지만, 얼마나 많은 후원금이 기독교 신앙을 전파하는 데 사용되고 있느냐는 것입니다.

안: 박사님은 미국뿐만 아니라 해외에서도 교회가 기독교 신앙을 전파하는 데 많은 자금을 투입해야 한다고 생각하십니까?

맥: 예! '제일 교회'는 그들의 후원금이 해외에서 기독교회들을 재생산하는 데 사용되도록 요청하고 확인해야 합니다. 해외 자선 활동을 위해 후원금을 보내는 것은 국내의 경우와 똑같은 의식을 만들어냅니다. 여기에 작용하는 동일한 의식 패턴이 보입니까? '제일 교회'는 이웃을 위해 선한 일을 하고 있지만, 그들에게는 해외에서든 국내에서든 사람들이 그리스도께 나오는 것이 이차적인 문제일 뿐입니다. 만약 '제일 교회' 지도자들이 기독교 신앙이 해외에서 증식되어야 한다는 의식, 즉 해외에서 사람들이 예수 그리스도를 알고, 사랑하고, 순종하고, 따르게 만들어야 한다는 의식을 격려하고 그것을 교인들에게 심어줄 수 있다면, 그들은 당연히 자기 동네에서도 그리스도를 전파해야 한다고 주장할 것입니다. 이런 의식이 만들어질 때 '제일 교회'는 지지부진한 성장 패턴에서 벗어나 해외와 국내에서 만족스러운 성장을 경험하게 될 것입니다.

생명력을 얻기 위하여

안: 지금까지 '제일 교회'에 대해 논의하면서 우리는 이 교회의 질병이 치료될 수 있다고 말했습니다. 이 교회는 건강과 성장과 활력을 경험하며 발전할 수 있습니다.

맥: 우리는 질병에 초점을 맞추기보다는 정말 행복하고 완전한 건강으로 이끄는 단계들만 집중적으로 다루었습니다. 교회가 건강해지는 것은 정상입니다. 만일 훌륭한 후원 목록, 주목할 만한 역사, 기본적인 헌신의 자세를 갖추고 있는 이 교회가 교회 성장 원리들을 적용한다면, 불필요한 50파운드의 과체중을 빼고, 근육을 단련하고, 넘치는 건강을 회복하게 될 것입니다.

안: 사실, 교회가 앞으로 어떤 단계들을 밟아나가야 하는지에 관한 논의는 이제 시작에 불과합니다.

맥: 어떤 원리들이 이 교회에서는 잘 적용되는데 저 교회에서는 잘 적용되지 않는 예도 있을 것입니다. 현장에서는 얼마든지 다른 단계들 또는 추가적인 단계들이 언급될 수 있다고 봅니다. 저는 이 교회의 지도자들이 스스로 혁신적인 아이디어들을 많이 내놓을 것으로 생각합니다.

> "어떤 원리들이 이 교회에서는 잘 적용되는데 저 교회에서는 잘 적용되지 않는 예도 있을 것입니다."

안: '제일 교회'가 생각해야 할 최종적인 결과는 성장, 생명력, 하나님에 대한 순종 그리고 큰 도약이어야 합니다.

맥: 그것은 의문의 여지가 없습니다! 기회는 얼마든지 있습니다. '제일 교회' 앞에는 그야말로 엄청난 인구 집단이 있습니다. 미국 역사에서 복음을 들어야 할 대상이 지금보다 더 많았던 적은 없습니다. 그리고 '제일 교회'의 역사에서도 복음 전도를 위해 지금보다 더 많은 자원을 가지고 있었던 적이 없었습니다.

8장
새 교회

안: 박사님이 친숙하게 느낄 만한 교회 하나를 소개하겠습니다. 6개월 전 '새 교회'(New Church)를 조직하기 위한 모임에 15명이 참석했으며, 오늘 예배에는 25명이 참석했습니다.

교회 개척의 기회는 몇몇 기독교 가정이 새로 형성된, 성장하는 지역 사회로 이주하면서 만들어졌습니다. 이 믿음의 모험에 참여한 사람들은 이전에 출석하던 교회로부터 축복과 기도 지원을 받았습니다.

'새 교회'를 방문한 방문자는 작은 모임을 하나로 묶는 열정과 목적을 즉시 감지합니다. 개척 정신은 그룹에 생명과 활력을 불어넣습니다. 교인들은 전도 활동을 하면서 느꼈던 설렘을 서로 나눕니다. 승리했던 경험과 힘들었던 경험이 그룹의 모든 사람에게 알려집니다. 이 새로운 사역을 하면서 경험한 승리와 고통의 파노라마는 교인들이 이전 교회에서 경험했던 것보다 더 뚜렷하고 짜릿합니다.

모임에 속한 사람들은 이 새로운 사역에 헌신하고 있으며, 그리스도께 순종함으로써 만족을 경험하고 있습니다. 그룹 구성원들 사이에는 의사소통, 나눔, 목적의 정직한 관계가 존재합니다. 그들은 모든 삶의 방향을 결정할 때마다, 그리고 인도하심을 구할 때마다 하나님의 영에 의존합니다.

예배는 임대 건물의 가장 큰 방에서 진행됩니다. 추가 공간이 필요할 때는 인접한 가정집으로 보완합니다.

이 교회에서는 평신도들이 모든 활동을 주도하고 있지만, 시간제로 사역할 목사를 찾고 있습니다. 교회는 현재 당면한 주요 문제를 시설, 목회 리더십, 교회의 목표를 위한 자금 부족이라고 생각하고 있습니다.

'새 교회'의 장래는 밝아 보입니다. 교인들은 개척이 어려움 없이 이루어질 수 없음을 잘 알고 있지만, 이를 견뎌낼 준비가 되어 있기도 합니다.

큰 교회는 작은 교회에서 성장한다

맥: '새 교회'는 매우 일반적인 유형의 교회입니다. 사실, 나라마다 전세계적으로 폭발적으로 성장하는 기독교회(the Church)를 보면 그 안에 수많은 작은 교회가 있습니다. 다 자란 사람들이 어렸을 때는 모두 어린 아기였듯이 다 자란 교회들도 모두 작은 교회로 시작되었습니다. 어디에 있든지 간에 새로운 교회를 세우는 것은 그리스도인들에게 정상적인 일입니다. 그 교회들은 작을 것입니다. 모두 고군분투하겠지만, 그들 중 극소수만이 사라집니다.

> 다 자란 교회들도 모두 처음에는 작은 교회로 시작되었다.

안: 저는 '새 교회'를 보면서 교인들이 마주한 기회에 감명을 받았습니다. 그들은 그야말로 제로에서 시작하고 있지만, 건전한 교회 성장 원리에 따라 교회를 설립할 수 있는 아주 좋은 기회를 얻은 것입

니다. 저는 '새 교회'를 생각하기만 하면 마음이 설렙니다. 이제 그들은 기록 문서를 보관하기 시작할 것이고, 그 문서들은 그들이 어디서 어떻게 성장할 것인지 결정하는 데 필요한 정보를 제공할 것입니다. 이런 기록들은 그들이 지역 사회 안에서 동질그룹을 찾는 데 도움이 될 것입니다. 또한 지속적이고 정상적인 전도를 위해 리더십을 훈련할 기회도 있습니다. 어쨌든 '새 교회'에는 그리스도 안에서 성장하고 성숙할 큰 기회가 있습니다.

맥: 저는 당신의 생각이 옳다고 확신합니다. 각각의 새로운 교회는 많은 그리스도인에게 리더십, 창의성, 용기 있는 새로운 행동, 모든 종류의 혁신을 위한 좋은 기회를 제공합니다. 새 교회의 그리스도인들은 건전한 판단력을 사용하여 많은 일을 제대로 해내고 있습니다. 하지만 그런 교회가 교회 성장을 연구한다면 훨씬 더 잘 것이라고 말씀했는데, 그 말에 전적으로 동의합니다. 소규모 회중과 그 지도자들은 필연적으로 성장에 관심을 가질 것입니다. 그들은 그것이 바로 그들의 생명선(生命線)임을 깨달을 것입니다. 그 교회 공동체가 위치한 곳은 이웃 사람들이 그리스도와 교회를 절실하게 필요로 하는 새로운 지역 사회입니다. 만약 작은 교회의 지도자와 교인들이 큰 관심을 가지고 교회 성장을 연구하면 반드시 큰 유익을 얻을 것입니다.

안: 아까 창의성(creativity)에 대해 언급하셨습니다. 저는 성장하는 교회에서 이 특성이 매우 중요하다는 사실을 알게 되었습니다. 창의성은 모든 교회에서 장려되어야 하며, 교회 성장을 위한 큰 자산이 될 수 있습니다. '새 교회'는 '부모 교회'(Mother Church)가 하는 것과 똑같이 할 필요가 없습니다. 그리고 "우리는 지금까지 항상 이렇게 해왔습니다."라는 변명을 들을 필요도 없습니다. '새 교회'는 사람

들에게 다가가는 새로운 방법을 쉽게 발견합니다. 그리고 독특한 방법으로 그들의 필요를 채워줄 수 있습니다. 그 교회가 새 가죽 부대를 사용하고 있기 때문입니다.

좋은 동기

안: '새 교회'는 마치 신약성경을 읽는 것 같은 느낌을 줍니다.

맥: 저는 '새 교회'가 신약성경의 신념을 공유하기를 바랍니다. 교회 성장에서 우리가 마주하는 가장 큰 위험 중 하나는 사람들이 세속적인 동기를 위해 성장을 추구한다는 것입니다. 이것은 전체 과정을 값싸게 만듭니다. '새 교회'는 이렇게 말하지 말아야 합니다. "우리는 성장하고 싶습니다. 그래서 바로 옆에 있는 루터교회보다 더 커지거나, 길 아래쪽에 있는 침례교회만큼 커지거나, 아니면 각종 청구서를 내기 위해서라도 더 많은 교인을 확보하고 싶습니다." 물론 우리는 청구서를 내야 합니다. 하지만 그렇게 하려고 새로운 교인을 확보하는 것은 아닙니다.

> 교회 성장에서 우리가 마주하는 가장 큰 위험 중 하나는 사람들이 세속적인 동기를 위해 성장을 추구한다는 것이다.

우리가 새로운 교인을 찾는 이유는 저 밖에서 그리스도 없이 살아가는 사람들이 비록 재정적으로 번창하고, 좋은 차를 몰고, 겉으로는 풍요로워 보일지라도, 실제로는 영적으로 가난하고 굶주린 삶을 살고 있기 때문입니다. 그리스도인들은 누구든지 예수 그리스도를 알기 전까지는, 죄를 용서받은 기쁨을 누리기 전까지는, 진정으로 그리스도의 제자가 되어 그분과 인격적으로 교제하는 경험을 하기 전까지는 인생에서 가장 위대한 것을 놓치고 있다고 믿습니다.

이 확신은 우리가 다른 사람들에게 복음을 전하고, 그들을 그리스도에게로 인도하고, 그들을 교회에 편입시키고, 그들에게 책임을 부여하고, 그들을 지도자로 훈련하고, 다른 사람들을 구원하기 위해 그들을 다시 파송하도록 인도합니다. 우리는 교회를 성장시키려는 우리의 노력이 단지 성공을 얻기 위한 가련한 몸부림이 아니라 기독교적 동기에 따라 하나님께 순종하는 행위가 되도록 성경을 열심히 연구해야 합니다.

안: 요한계시록에서 요한은 에베소 교회 신자들에게 편지를 쓰면서 그들이 많은 일을 한 점을 칭찬하면서 동시에 처음 사랑을 버렸다고 비판했습니다. 여기에서 요한이 지적한 것은 바로 이것, 즉 올바른 동기였을 수도 있습니다.

맥: 요한은 바로 그것에 대해 말하고 있었습니다. 우리는 제도적으로 옳고, 매끄럽고, 아름답고, 전문적으로 세련된 일을 합니다. 하지만 주 예수에 관한 지식은 슬그머니 빠져나가고 우리의 처음 사랑은 사라졌습니다. '새 교회'는 특히 신약성경형 교회(a New Testament church)가 되고자 할 때 조심해야 합니다.

알다시피 신약성경에 나오는 교회들은 성장의 필요성에 대해 거의 의식하지 않은 것 같습니다. 신약성경에는 밖으로 나가 다른 사람들을 그리스도에게로 인도하라는 권고가 거의 기록되어 있지 않지만, 그리스도인들은 그렇게 했습니다. 그들은 주님을 너무나 사랑한 나머지 자연스럽게 다른 사람들에게 그분에 관해 이야기했습니다.

> 신약성경에 나오는 교회들은 성장의 필요성에 대해 거의 의식하지 않았다.

안: 지금 모순되는 말씀을 하고 계신 것 아닌가요? 박사님은 지금까지 교회 성장과 성장 원리에 관해 이야기했습니다. 그런데 지금은 신약성경의 교회들이 성장을 강조하지 않는 것 같다고 말씀하고 있습니다. 좀 더 자세한 설명이 필요해 보입니다.

맥: 대답은 아주 간단합니다. 우리에게 정말로 그리스도의 사랑이 있다면 그분은 우리를 여러 가지 방법으로 인도하실 것입니다. 저는 이 책을 읽는 대부분 그리스도인이 좋은 그리스도인이라고 생각합니다. 그들은 주님을 사랑합니다. 그들에게는 확실한 동기가 있습니다. 우리가 함께 논의한 모든 내용은 독자들을 더욱 유익한 전도 방식으로 이끌기 위한 것입니다. 여기서 저는 단지 이렇게 말할 뿐입니다. "이 원리들을 기계적으로 사용하지 마십시오. 그것들에 전적으로 의존하지 마십시오. 첫째, 그리스도의 사랑으로 하십시오! 둘째, 그 사랑이 흘러넘쳐 자연스럽게 다른 사람들의 복지를 추구하십시오."

> 첫째, 그리스도의 사랑으로 하십시오! 둘째, 그 사랑이 흘러넘쳐 자연스럽게 다른 사람들의 복지를 추구하십시오.

안: "사랑은 언제까지나 떨어지지 아니하되"(고전 13:8). 하지만 의학 분야에 많은 새로운 치료법이 있는 것처럼, 오늘날 교회 성장 분야에도 교회가 어떻게 성장하는지에 관해 이전보다 훨씬 더 많이 알려진 것도 사실입니다.

맥: 우리는 분명히 더 많이 알고 있습니다. 그런데 전 세계의 교회 성장을 연구하고 신앙을 전달하는 방법을 개선하면서, 일반적으로, 전달하려는 신앙이 강렬할 때 신앙이 가장 잘 전달된다는 사실을 알게 되었습니다. 사람이 할 수 있는 가장 중요한 것은 하나님과 올바른

관계를 맺는 것임을 믿을 때, 그리고 영원한 손실에 비하면 현재의 손실이 아무것도 아니고 영원한 이득에 비하면 현재의 이득이 아무것도 아님을 믿을 때, 하나님은 우리를 풍성하게 축복해 주십니다.

가정에서 모인 교회들

안: 다시 '새 교회'로 돌아가 봅시다! 저는 이 교회가 새로운 지역 사회 전체에 걸쳐 많은 소규모 모임을 갖는 것을 상상해 봅니다. 이웃 사람들이 비공식적인 성경 공부를 위해 교인들의 집으로 들어옵니다. 주일에는 회중 전체가 임대한 홀에 모이지만, 주중에는 교인들의 집이 소그룹 모임에 사용됩니다.

맥: 이 가정 모임들은 신약성경에 나오는 교회들과 매우 비슷할 것입니다. 왜냐하면 신약성경의 교회들은 아마도 150년 동안 건물을 짓지 않았기 때문입니다. 그들은 가정집에서 만났습니다. 세상에 개방된, 많은 소규모 대면 그룹들로 구성된 교회에 관해서 당신이 말한 내용은 모두 정확합니다. 전 세계적으로 성장하는 회중들을 살펴보면 대부분 가정교회 형태를 취하고 있음을 알 수 있습니다.

건물을 지어야 하는가?

안: 예, 하지만 이 프로필을 살펴보면서 저는 '새 교회'가 건물에 관해 우려한다는 사실을 알게 되었습니다.

맥: 안타깝지만 사실입니다. 구성원들이 "이제 우리는 10만 달러 또는

15만 달러가 드는 건물을 마련해야 합니다."라고 말할 때까지 교회는 거의 조직되지 않습니다. 그리스도인들은 재정적 부담과 새로운 물리적 시설에 수반하는 문제를 두려워합니다. 물론 건물은 좋은 것이지만, 그것은 단지 재정에 문제가 없을 때만 그렇습니다. 새로 시작되어 성장한 교회들을 조사할 때 저는 1년에서 10년 동안 자신의 소유가 아닌 시설에서 모이는 교회들을 많이 보았습니다.

로드아일랜드 주 프로비던스에 새로운 교회 하나가 성장하고 있습니다. 그들은 주일 아침 11시에 비어있는, 시내의 큰 호텔 연회장에서 모입니다. 그 시간에는 주차 시설도 이용할 수 있습니다. 교회는 비교적 큰 시설에 약간의 임대료를 지급하면서 빠르게 성장하고 있습니다. 어떤 교회들은 학교, 큰 창고 또는 댄스홀에서 모입니다. 저는 댄스홀에서 모이는 교회에서 여러 번 예배를 드렸습니다. 아침 9시에 모인 사람들은 30분 만에 댄스홀을, 예배하는 작은 교회로 변모시켰습니다.

어떤 교회들은 학교, 큰 창고 또는 댄스홀에서 모인다.

12시 15분에 교회 모임을 끝낸 뒤 그들은 다시 30분 만에 그곳을 화려한 댄스홀로 바꿔놓았습니다. 알다시피 물리적인 시설은 '새교회'의 일차적인 요건이 아닙니다. 그것은 단지 편리한 시설일 뿐입니다.

안: 제가 델라웨어 주 윌밍턴에서 교회를 개척할 때 우리는 주일에 술집 식당을 이용했습니다. 그곳은 만나기에 적합한 장소였고 월세도 매우 저렴했습니다. 하지만 실내 공기를 빼기 위해 항상 한 시간 일찍 도착해야 했습니다. 술 냄새와 퀴퀴한 담배 냄새가 지독했거든요. 하지만 통풍만 잘 시키면 이곳은 훌륭한 성소가 되었고, 실제로 하나님께서는 많은 사람을 자신에게로 데려오기 위해 그곳을 사용하셨습니다.

맥: 1940년대를 회고하면, 저는 인도에서 사역하다가 귀국하여 몬태나에서 대표 위원으로 일을 보고 있었습니다. 그 당시 완공된 지 얼마 되지 않은 아름다운 교회를 방문한 적이 있었습니다. 교인들은 저에게 교회가 개척된 이후 12년 동안 모임 장소로 사용된 곳을 봤어야 한다고 말했습니다. 장소 때문에 12년 내내 스트레스를 많이 받았다는 것입니다.

저는 "그곳이 어디죠?"라고 물었습니다.

그들은 "술집 위에 있는 방입니다. 그런데 우리가 그곳에서 모이는 동안, 그러니까 예배가 진행되는 동안 누군가가 밑에서 우리 방을 향해 권총을 두 발 쏜 적이 있었습니다. 탕! 탕!"

너무 놀라 저는 농담으로 그 순간을 넘기지 않을 수 없었습니다. "그 사건 덕분에 여러분은 설교 시간에 늘 깨어 있었겠군요."

그리스도인들은 어떤 장소에서도 교회를 시작하고, 또 그렇게 **할 수 있어야** 합니다. 그것이 바로 신약성경의 그리스도인들이 했던 방식입니다.

> 그리스도인들은 어떤 장소에서도 교회를 시작할 수 있어야 한다. 그것이 신약성경의 그리스도인들이 했던 방식이다.

성장 목표

안: 이제 막 시작돼서 활기차고 생동감이 넘치지만, 모이는 인원이 얼마 되지 않는 '새 교회'도 성장 목표를 가져야 합니까?

맥: 제 생각에 성장 목표에는 두 종류가 있습니다. 첫째, 회중의 성장 목표입니다. 신자들은 올해, 내년 그리고 이후 1년 단위로 5년간 그들이 몇 명의 교인이 늘어나기를 원하는지, 몇 명의 신자가 기도

하기를 원하는지 계획해야 합니다. 이런 목표는 지역 사회를 향해서도 현실적이어야 합니다. 그러려면 먼저 지역 사회를 알아야 합니다! 새 도로가 어디에 있는지, 새로 분할된 구획이 있는지, 어떤 종류의 사람들이 지역으로 들어오고 있는지 알아야 합니다. 교인들은 이런 정보를 정확하게 파악함으로써 전도 활동을 의미 있게 만들 수 있습니다.

제 친구 중에 필리핀 선교사였던 목사가 있는데, 그는 현재 뉴멕시코에서 115명의 교인이 있는 교회를 목회하고 있습니다. 이 교회는 1년 단위로 5년간의 성장 목표를 수립했습니다.

성장 목표
1. 자체 회중의 성장
2. 자녀 교회 설립을 통한 성장

그것은 두 번째 유형의 성장 목표로 이어집니다. 뉴멕시코에 있는 이 교회는 스스로 성장을 계획하고 있을 뿐만 아니라 1974년에 1개, 1975에서 1976년 사이에 2개의 자녀 교회를 설립할 계획을 마련했습니다. 그렇게 되면 1977년까지 4개의 교회 곧 하나의 부모 교회와 3개의 자녀 교회로 구성된 '교회 연합체'(cluster)가 만들어질 것이며, 각각의 교회는 다른 교회들의 존재로 인해 번영할 것입니다.

부모 교회의 교회 성장 목표는 이기적인 목표가 되어서는 안 됩니다. 예를 들어 "우리는 교회 하나를 시작할 것입니다. 그 교회를 활용해서 우리는 사람들을 우리에게로 데려올 것입니다."라고 말해서는 안 됩니다. 오히려 그들은 "우리는 사람들을 우리에게 데려와 새로운 교회를 시작하고, 때때로 사랑과 애정과 돈으로 그들을 양육하여 튼튼하고 성장하는 교회가 되게 할 것입니다."라고 말해야 합니다.

클래스3에 속한 리더들이 필요하다

안: 그것이 바로 제가 처음에 '가능성 찾기'(seeing the possibilities)라고 말했던 것입니다. 아까 '새 교회' 교인들이 시간제 목회자를 찾고 있다는 말도 들으셨지요?

맥: 예. 좋은 아이디어입니다. 그 단계에서는 시간제 목회자만 있어도 될 겁니다. 만약 지금 단계에서 전임 목회자를 청빙하면 자칫 목회자가 지배하는 교회가 될 수도 있습니다. 시간제 목회자는 약간의 목회적 개입도 하겠지만, 전체적으로는 평신도들의 손에 많은 책임을 맡길 것입니다.

안: 만약 이 교회가 보조금을 받고 있고, 감당할 수 있다면 전임 목회자를 추천하시겠습니까?

맥: 아니요! 저는 그렇게 생각하지 않습니다. 평신도들이 사역 면에서 자신의 몫을 제대로 감당하고 있다면 '자비량'(tent-making) 사역이 큰 가치가 있습니다. 미국 전역에 있는 수백 개의 소규모 교회에 시간제 목회자가 있습니다. 저는 생계를 위해 주유소에서 일하거나, 학교에서 가르치거나, 우체국이나 공장에서 일하는 목회자를 만난 적이 있습니다. 사역에 관심이 많은 평신도들이 시간제 목회자를 뒷받침한다면 충분히 훌륭한 조합이 될 수 있을 것입니다. 적은 비용으로도 새로운 교회를 세울 수 있다는 뜻입니다. 과거에 감리교가 교세를 확장할 때 이 방법을 사용했습니다. 오늘날에는 일부 침례교인들이 이 방법을 사용하고 있습니다. 오순절 교파들도 라틴 아메리카 전역에서 이 방법을 사용하고 있습니다. 오순절 교회들이 라틴 아메리카에서 성장하고 있는 이유를 물으면, 일부의 사람들은

> "오순절 교회들이 라틴 아메리카에서 성장하고 있는 이유를 물으면, 일부의 사람들은 그들의 지도자 대부분이 자비량 목사이기 때문이라고 대답합니다."

그들의 지도자 대부분이 자비량 목사이기 때문이라고 대답합니다. 그런데 우연하게도 이것은 다른 효과를 낳기도 합니다. 목회자가 일상의 거칠고 험난한 삶에서 생계를 이어가고 있으면 훨씬 더 쉽게 공동체의 일원으로 받아들여집니다.

안: 목회자가 '성스러운' 방식으로도 일하고 세속적인 방식으로도 일한다면 회중과 다른 사람들이 무시하지 않을까요?

맥: 저는 회중이 그 목회자를 무시하리라고 생각하지 않습니다. 물론 오늘의 현실에서 그는, 목회자가 세속적인 일을 하지 않는 교회 전통을 가진 목회자들과 함께 사역하고 있습니다. 일부 정적인 교단은 자비량 목사를 경멸하는 경향이 있지만, 바울 자신이 자비량 사역자였다는 사실을 기억해야 합니다!

안: 교회는 클래스3 리더들을 활용할 때 성장합니다. 우리는 그것을 강조해야 합니다.

> 성장하는 교회는 지도자 개발을 계획하며, 교회는 클래스3 리더들을 활용할 때 성장한다.

성장하는 교회의 특징은 지도자 개발을 계획한다는 것입니다. '새 교회'는 평신도 지도자들을 양성하는 효과적인 프로그램을 마련해야 합니다. 그래야 그 프로그램을 통해서 양성된 지도자들이 자비량 목회자를 보완하고 그가 하지 못하는 많은 일을 할 수 있기 때문입니다.

맥: "왜 당신의 교회에는 자비량 목회자가 있습니까?"라고 물을 때, 교회는 단순히 "재정 형편이 좋지 않아 시간제 목사밖에 쓸 수 없습

니다. 하지만 우리는 이렇게 불완전한 상황에도 만족합니다."라고 대답해서는 안 됩니다. 그것은 올바른 대답이 아닙니다. 올바른 대답은 당신이 말한 대로 전도 기법, 기도 모임을 통해서 훈련되고, 하나님의 뜻을 구하고, 교회 사역에서 **중요한 역할을 하는 것을 기뻐하는**, 활동적이고 열정적인 평신도 그룹입니다.

모델

안: 복음을 전하고 교회를 세우기 위해 온 세상으로 나가는 신약성경의 선교 명령에 순종하는 그리스도인들은 '새 교회'에서 전 세계의 많은 개인과 많은 그룹이 모방할 수 있는 모델을 찾을 수 있을 것입니다.

맥: 맞습니다. 미국 전역과 전 세계에서 사역하는 그리스도인들에게 '새 교회'는 하나의 원형(prototype)입니다. 우리는 수천 개의 '새 교회'가 필요합니다. 여기 미국에서 성장하는 교단들은 많은 새 교회를 개척하고 있습니다. 교회 성장은 한편으로는 기존 교회로의 성장을 의미하고, 다른 한편으로는 많은 작은 교회를 개척하는 것을 의미합니다. 미국에 사는 5천만 명의 사람들이 교회에 나가지 않는다고 추정해 봅시다.

> 교회 성장은 한편으로는 기존 교회로의 성장을 의미하고, 다른 한편으로는 많은 작은 교회를 개척하는 것을 의미한다.

안: 우리의 목표는 그들에게 복음을 전하는 것입니다.

맥: 한 교회당 100명의 신자가 5천만 명에게 복음을 전한다고 가정하

면 얼마나 많은 '새 교회'가 필요할까요?

안: 50만 개의 새 교회가 필요합니다. 불가능한 방식입니다!

맥: 5천만 명 중 다수가 기존 교회에 등록할 것으로 예상한다면 새 교회가 50만 개까지는 필요하지 않을 것입니다. 그런데도 우리는 여전히 수많은 새 교회가 **필요하고**, 또한 **있어야** 합니다. 우리는 기독교의 부흥이 우리에게 임할 때 준비되어 있어야 하며, 이를 위해 자유롭고, 진지하고, 혁신적이고, 성령의 인도에 민감한 많은 기독교 모임이 필요합니다. 우리는 한 교회를 시작하는 데 10만 달러에서 20만 달러를 투자해야 한다는 잘못된 믿음 때문에 교회 개척을 멈출 수 없습니다. 투자는 전적으로 부차적입니다. 그것은 단지 편의시설에 사용될 뿐입니다. 교단에 10만 달러 또는 20만 달러가 있고, 그것을 그런 용도로 쓰고 싶다면 어쩔 수 없는 노릇입니다. 하지만 앞으로 5년, 10년, 15년, 20년 동안 교회 건물에 신경 쓰지 않는 수많은 새 교회가 필요합니다.

저는 작년에 서부의 한 도시를 방문한 적이 있었는데, 그곳에서 주일마다 모이는 25개의 가정교회로 구성된, 완전히 새로운 '교단'을 발견했습니다. 각 교회의 교인 수는 15명에서 30명-가정에서 모일 수 있는 정도의 인원-가량 됐습니다. 그들은 새로운 삶을 살고, 교회 건물을 짓는 것에 대해 신경 쓰지 않는, 정말 멋진 그리스도인들이었습니다.

안: '새 교회'는 하나의 원형, 곧 그리스도인들이 미국과 전 세계의 동질집단 중에 수많은 교회가 세워지는 비전을 바라볼 때 생겨날 수 있는 모델입니다.

맥: 일단 미국을 벗어나면, 요즘 새로 생겨나는 교회들이 아주 많습니다. 만일 그리스도의 재림이 50년 더 지체된다면, 우리는 이 지구상에 수십만 개의 새로운 교회가 생기는 것을 보게 될 것입니다. 이런 규모의 교회 확장은 지극히 정상입니다. 우리는 이런 일에 대해 하나님을 찬양하고, 우리가 그 일의 일부가 되도록 힘써야 합니다.

9장
변화에 직면한 교회

안: 제가 '변화에 직면한 교회'(Changing Church)라고 부르는 일반적인 유형의 교회에 교회 성장 원리를 적용해 봅시다.

이 교회의 창립 50주년은 축하 연설, 저녁 식사, 기념식 순서로 진행되었습니다. 그런데 축하 행사 내내 장례식과 같은 어두운 분위기가 감돌았습니다. 모든 사람이 현재 추세가 계속된다면 교회가 점점 쇠퇴하다가 결국에는 폐쇄될 것을 감지했기 때문입니다.

교인 명부에는 약 400명의 이름이 적혀 있습니다. 그러나 주일 아침 출석률은 약 200명에 불과합니다. 주일 오전 예배는 두 번 드리는데, 하나로 합치는 것이 더 나은데도 쉽게 합치지 않고 있습니다.

이 교회는 오래전에 성장을 경험했지만, 약 10년에서 15년 전부터 정체되었고, 지난 5년에서 7년 동안은 교인 수가 꾸준히 감소했습니다. 교회학교도 감소하고 있는데, 감소 속도가 교회보다 더 빠릅니다.

교인 수가 감소함에 따라 헌금이 줄어들고, 선교 단체, 교단, 직원들에게 한 약속도 축소되었습니다. 교회에는 노인들이 많고, 젊은 가족들은 거의 없습니다. 리더십은 몇몇 가족이 장악하고 있으며, 구조와 일 처리 방식이 매우 경직되어 있습니다. 이 교회는 지금껏 당당하게 존재해 왔으며, 교세가 기울어진 지금도 교회에 대한 신자들의 자부심은 그대로입니다. 이런 상황에서 전임(前任) 목사는 낙담한 채 떠났고, 강단위원회는 당장 설교를 책임질 사람을 찾고 있습니다.

이 교회의 물리적인 시설은 큰길가 좋은 곳에 자리를 잡고 있습니다. 그 건물의 건축 양식은 교회의 나이를 말해 줍니다. 그러나 본당과 부속 방들은 교회 프로그램에 아주 적합한 편입니다.

한때는 상위 중산층 백인이 지역 사회의 주류를 형성하고 있었으나, 지금은 분위기가 바뀌었습니다. 흑인과 스페인계 미국인이 지역 사회의 약 절반을 차지하고 있고, 백인이 나머지 절반을 차지하고 있습니다. 교회는 경계선에 위치해 있습니다. '변화에 직면한 교회'는 다양한 프로그램을 진행하고 있지만, 대부분은 지역 사회와 상관없이 그저 내부 교인들을 위한 것들입니다.

'변화에 직면한 교회'는 미국 전역에 있는 수많은 교회를 대표합니다.

맥: 그렇습니다. 50개 주 대부분에서 이와 비슷한 교회들을 쉽게 찾을 수 있을 것입니다.

당신의 해답을 찾아라

안: 이런 상황에도 교회 성장의 원리들을 성공적으로 적용할 수 있을까요?

맥: 교회 성장 원리들은 여기에도 적용되어야 하며, 적용될 수 있습니다! 그러나 다른 교회 상황에서는 다른 방식으로 적용될 것입

니다. 우리는 이 주제에 대한 다양한 변형을 찾을 수 있습니다. 로마 가톨릭 신자인 포르투갈인들이 지역 사회로 몰려들고 있는 뉴잉글랜드의 교회는 흑인들이 넘쳐나는 앨라배마 주 버밍엄의 교회와 다릅니다. 또한 다른 소수 민족이나 벌목공들이 집단으로 이주해오는 워싱턴 주나 오리건 주의 교회와도 다릅니다. 다양한 변형이 있으며, 그 어디에나 들어맞는 정답은 없습니다. 그런데도 저는 교회 성장 원리들이 적용되어야 한다고 생각합니다.

안: 따라서 이 장을 함께 시작하면서 우리는 프로필의 짧은 줄 몇 개가 교회의 역동성과 상호 작용과 상호 관계를 모두 담아낼 수 없고, 우리의 대화가 단지 화두를 던져주는 것에 지나지 않는다는 것을 잘 알고 있으며, 독자들도 그렇게 이해하기를 바랍니다.

맥: 우리와 함께 이 문제를 생각하는 사람들은 교회 성장 원리를 적용하는 방법에 관해 나름 많은 아이디어를 가지고 있을 것입니다. 따라서 저는 여기서 우리가 말하는 것들이 그들의 생각에 불을 지피는 불쏘시개가 되기를 바랍니다. 우리는 어디에서나 효과가 있는 만능 아이디어를 제안하는 것이 아닙니다. 오히려 우리는 이렇게 말할 뿐입니다. "우리가 제시하는 해결책을 당신의 상황에 맞춰서 생각하십시오." 저는 이 책을 공부하고 별책으로 제공되는 워크북을 사용하는 모든 사람이 자신의 교회에 성장 원리를 적용하기를 바랍니다. 모두가 해야 할 한 가지는 굴복하는 것이 아니라 해결책을 찾는 것입니다. 그 해결책은 교회를 승리와 성장으로 이끌어야 합니다. 그 밖의 것들은 전혀 해결책이 아닙니다. 그것들은 단순히 문제가 해결될 수 없다고 말하는 것이며, 우리는 그것에 동의하지 않습니다.

안: 만일 그것을 정확히 알고 적용한다면 모든 교회는 성장 가능성이 있습니다. 이제 '변화에 직면한 교회'의 프로필을 살펴보고 교회 성장 원리를 적용해 보시죠. '변화에 직면한 교회'는 진짜 성장 문제를 가지고 있습니다. 그런 교회가 무엇을 할 수 있다고 생각하십니까?

첫 번째 선택지

맥: 두 가지 선택지가 있습니다. 첫째, 계속 백인 교회로 남아서 해마다 활력을 잃고 어려움을 겪다가 10년 후에 폐쇄되는 것입니다.

안: 지금까지 많은 교회가 그 길을 선택하였습니다. 하지만 그런 결정은 거의 예외 없이 항복과 죽음을 의미합니다.

맥: 그렇습니다. 교인들은 점점 더 교외로 이주합니다. 나이 많은 교인들이 하나둘씩 세상을 떠나지만, 그들의 빈자리는 채워지지 않습니다. 점점 더 적은 사람들이 모이고, 점점 더 낙심합니다. 그러던 어느 날, 교회가 문을 닫고 건물을 팔면 그것이 그 지역 교회의 최후입니다. 이 정책은 교회 성장 원리를 적용하지 않고 교회 성장에 관심이 없습니다. 그러다가 어느 날 문득 정신 차리고 보면 이미 죽어 있습니다! 변화하는 지역 사회로 인해 삶의 기회가 갑자기 사라졌습니다.

두 번째 선택지

안: 첫 번째가 진정한 선택지가 아니라면 두 번째는 어떻습니까? 이 지역 사회는 백인이 절반, 흑인 또는 치카노(Chicano: 멕시코계 미국인-역자 주)가 절반이라고 상정하겠습니다. 현재 교회는 경계선에 있지만, 모든 사람이 흑인 또는 치카노 집단이 백인 사회로 계속 침투해 들어올 것으로 예상됩니다.

맥: '변화에 직면한 교회'에 열려 있는 두 번째 선택지는 치카노 사회와 흑인 사회 모두에 기독교 셀 그룹을 증식하는 것입니다. 그러면 '변화에 직면한 교회'는 많은 치카노 그리스도인과 흑인 그리스도인을 얻기 시작할 것입니다. 아마도 우리는 침례교, 감리교, 루터교 또는 장로교에 관해 이야기하고 있는 것 같습니다. 우리가 어느 한 루터 교회에 관해 이야기하고 있다고 칩시다. 그렇다면 이 교회의 목표는 치카노 루터교인 100가족과 흑인 루터교인 100가족을 확보하는 것이어야 합니다.

안: 그렇다면 그들이 모두 그 교회에서 신앙생활을 한다는 뜻인가요?

맥: 꼭 그렇지는 않습니다. 당분간 이 200가족이 그 교회에서 예배하지 않는다고 가정해 봅시다.

안: 지금 인종차별과 관련된 이야기를 하시는 겁니까?

맥: 아니요, 저는 그렇게 생각하지 않습니다. 저는 통합에 **찬성**하지만, 그것이 유일한 해결책은 아니라고 생각합니다. 저는 '변화에 직면한 교회'에서 그런 통합 프로그램을 좋아하는 몇몇 흑인 가족과 치

카노 가족을 보았습니다. 그들은 루터교회로부터 환영을 받았습니다. 그들은 일반적으로 그 지역 사회에서 부유한 부류에 속한 사람들이었으며, 다양한 이유로 기존 루터교회의 교인이 되었습니다.

안: 그러면 이 가족들을 지역 사회 내에서 그들과 동질적인 사람들에게 복음을 전하기 위한 발판으로 보시는 겁니까?

맥: 지금 제가 말하고자 하는 바는, 기존 교회 프로그램 중 일부는 치카노들 가운데서, 그리고 흑인들 가운데서 루터교회 셀 그룹들을 시작하는 것이 되어야 한다는 것입니다. 그러면 통합도 이루고, 새로 유입하는 사회 집단들 내에 활발하고 생동감이 넘치는 하나의 교회를 세울 수도 있을 것입니다. 물론 루터교회의 흑인 셀 그룹들은 흑인들이, 치카노 셀 그룹들은 치카노들이 이끌어 나갈 것입니다. 흑인들은 **자신들과** 비슷한 수준의 교육을 받은 목회자를 두고, 치카노들 역시 **자신들과** 비슷한 수준의 교육을 받았고 비슷한 수준의 급여를 받는 목회자를 모실 것입니다. 루터교회는 이렇게 문화적 단위들을 하나로 묶는 방식으로 상당히 탄력적으로 운영할 수 있습니다. 흑인들과 치카노들로 구성된 이 루터교회는 이미 오래전에 이 도시에 정착한 독일 이민자들이나 스칸디나비아 이민자들로 구성된 루터교회와 같지 않습니다.

안: 이 기독교 셀들이 영적으로나 수적으로 성장함에 따라 그들은 '변화에 직면한 교회'의 삶에서 점점 더 중요한 역할을 할 것입니다. 이 루터교회가 성장하려면 지역 사회에서 루터교회를 재생산해야 합니다. 그 재생산 사역의 시작점은 바로 소규모 셀 그룹들입니다.

맥: 예, 루터교회는 기독교를 재생산해야 합니다. 그 변화하는 지역 사

회에서 '변화에 직면한 교회'는 풍요로운 백인 문화의 교회를 반복할 수도 없고 재생산할 수도 없습니다. 당신은 그런 교회를 포기하고 새로운 교회 설립을 계획할 수 있습니다. 그곳에는 풍요도 백인 문화도 없습니다. 하지만 '변화에 직면한 교회'는 진실한 성경적 기독교를 재생산할 수 있습니다. 그 교회는 자신들의 삶을 절대적으로 예수 그리스도께 바친 흑인들과 치카노들의 교회를 세울 수 있습니다.

전 세계 선교지에서 볼 수 있는 이런 교회들을 우리는 '토착 교회'(indigenous churches)라고 부릅니다. 인도에는 말 그대로 수만 명의 장로교인이 있는데, 이들의 평균 수입은 연간 60달러입니다. 1년에 겨우 60달러입니다! 이들은 연간 수입이 16,000달러인 미국 장로교인들과 거의 공통점이 없습니다. 하지만 그들은 모두 장로교인입니다. 이제 이런 일이 인도에서 일어날 수 있다면 그 일은 미국에서도 일어날 수 있습니다. 우리는 두 문화에서 철저하면서도 각 문화에 맞는 기독교회들을 세울 수 있을 것입니다.

당면한 문제

안: 이론상으로는 괜찮아 보이지만, 문제점도 생각해 봐야 하지 않을까요?

맥: 물론 문제점도 있을 것입니다. 예를 들어 무급이거나 약간의 보수를 받는 자원봉사 리더, 가정교회와 상점 교회(storefront churches: 상업용으로 쓰이던 공간을 예배 공간으로 전환해 사용하는 교회 - 역자 주)의 목사는 부유한 백인 교회의 목사만큼 많은 교육을 받지 못할 것입니다.

안: 만일 그들이 많은 교육을 받으면, 그것이 그들을 흑인과 치카노 교인들과 분리하고 그들의 사역을 덜 효과적으로 만들 것입니다.

맥: 아무리 교육을 적게 받더라도 그들의 교육 수준은 유대 전역에 교회를 개척할 당시 베드로의 교육 수준보다 훨씬 더 높았다는 사실을 기억해야 합니다.

안: 지금 자신의 회중보다 단지 몇 걸음만 앞서 있는 목사나 평신도 지도자가 1마일을 앞선 목사나 평신도 지도자보다 더 잘 사역할 수 있다고 말씀하시는 건가요?

맥: 훨씬 더 잘 할 겁니다. 게다가 저는 많이 배운 목사들이 자신들과 교육수준이 낮은 지도자들 사이에 너무 엄격한 선을 긋지 말아야 한다고 생각합니다. 그들은 모두 예수 그리스도를 사랑하고, 그분의 말씀을 전파하며, 성찬을 집례하는 '동료 목사들'입니다.

안: 아마도 출발점은 어린이와 청소년일 것입니다.

맥: 충분히 가능한 얘기지요. 알다시피 청소년들은 함께 공부하지만, 나이 든 세대는 서로 거의 만나지 않습니다. 같은 농구팀에서 뛰고, 같은 고등학교 합창단에서 노래하고, 같은 고등학교 수업에서 배우는 남학생과 여학생들은 공통점이 많습니다. 서로 다른 문화 집단에 속한, 분리된 셀 그룹들은 '변화에 직면한 교회'에서 창의적이고 형제다운 방식으로 자주 모일 수 있을 것입니다.

안: 지금 우리가 여러 가지 문제를 토론하고 있는데, 한 가지 현실적인 문제가 있습니다. 이 가정교회들에 드는 비용은 누가 지급할까요?

맥: 원칙적으로 토착 교회의 방식과 철학은 다른 문화권에 세워지는 교회가, 시작된 날부터 자립해야 한다는 점을 강조합니다. 물론 절대적인 것은 아니지만, 이 원리가 말하는 자립 시기는 교회가 시작되는 초기를 가리킵니다. 우리는 지금, 부유한 그리스도인들이 가난한 사람들을 위해 행하는, 우리 지역의 가난한 자들을 위한 일련의 사회봉사 프로젝트에 관해 말하고 있는 것이 아닙니다! 이런 방식에는 미래가 없습니다. 머지않아 풍요로운 교회는 쇠퇴하거나 사라질 것이고, 그러면 자선 프로그램도 중단될 것입니다. 물론 이것이 우리가 말하려는 핵심은 아닙니다.

우리가 토착 교회를 세운다면 그 교회는 처음부터 실질적으로 자립해야 합니다. 그들은 비전 수준과 경제적인 수준에서 자립해야 합니다. 그들은 상점 교회가 자립하는 것과 같은 방식으로 자립해야 합니다. 예를 들어 뉴욕 시는 비싼 생활비로 악명 높은 곳입니다. 그런데도 뉴욕 푸에르토리코 사람들이 사는 곳에는 말 그대로 수백 개의 상점 교회가 있습니다. 아무도 이 교회들에 후원금을 주지 않습니다. 푸에르토리코 그리스도인 그룹들은 상점을 임대하여 교회로 꾸미고, 교회를 운영하면서도 **그들의 수준에 맞춰** 시간제 목사에게 급여를 지급합니다. 활기차고 생동감이 넘치는 기독교 경험이 있다면 어떤 기독교 셀 그룹도 똑같은 일을 할 수 있을 것입니다.

안: 어떤 교회가 새로운 교회를 설립하려고 할 때 교회가 더 빨리 자립하도록 격려할수록 더 건강해진다는 말씀인가요?

맥: 기독교의 가장 위대한 보물은 청소년을 위한 놀이 프로그램이 아니라고 생각합니다. 더 많은 옷이나 음식도 아닙니다. 오락도 아닙니다. 우리가 정말 사람들을 돕고 싶다면 그들이 그리스도 안에

서 새로운 피조물이 되도록 도와야 합니다. 우리 주님은 "먼저 그의 나라와 그의 의를 구하라. 그리하면 이 모든 것을 너희에게 더하시리라."(마 6:33)라고 말씀하셨습니다. 그 말씀은 전적으로 진리입니다. 당신은 19세기에 감리교회가 사회의 풍요로운 영역에서가 아니라 사회의 가난한 영역에서 증식되었음을 기억할 것입니다. 가난한 사람들이 열렬한 그리스도인이 되자 주님은 그들을 풍성하게 축복해 주셨습니다. 오늘날에는 가난한 감리교인을 찾아보기 어렵습니다! 주님은 그분을 진지하게 따르려는 사람들을 축복해 주십니다.

확실한 선택

안: 이런 가능성이 실행되기 전에 '변화에 직면한 교회'는 더 큰 문제 하나를 해결해야 합니다. 교인들이 가능성을 볼 수 있어야 한다는 것입니다. '변화에 직면한 교회'의 지도자들은 나름 자신의 문화 집단의 성장 가능성을 어렵지 않게 볼 수 있습니다. 하지만 이제 그들은 그리스도의 시각으로 다른 문화 집단의 성장 가능성을 보아야 합니다.

지도자들은 또한 'E-2 전도'(Evangelism Two: 다른 문화에서의 전도) 방식이 적용되어야 한다는 점을 인식해야 합니다. 만약 이 두 가지 교회 성장 원리가 '변화에 직면한 교회'의 문제에 적용된다면 희망이 있습니다.

그래서 '변화에 직면한 교회'는 결정해야 할 시점에 있습니다. 아무것도 하지 않는다면 죽게 될 것입니다. 반면에 교회 성장 원리를 적용하면 살 기회를 얻을 수 있습니다.

맥: 예, 결단해야 합니다. 10년 또는 15년 뒤 교회가 해체될 때가 아니라 바로 지금 결단해야 합니다. 언젠가 치카노들이나 흑인들이 그 교회 건물을 차지한다고 해도 그 교회는 여전히 루터교회일 것이며, '변화에 직면한 교회'는 그 도시, 그곳에서 여전히 복음을 전하는 사명을 다 할 것입니다.

안: 현실에서 이런 일이 일어나는 것을 본 적이 있습니까?

맥: 한 예로 로스앤젤레스의 흑인 거주지 와츠(Watts) 가장자리에 있었던 풍요로운 백인 교회가 생각나는군요. 10년 전, 이 교회는 흑인 지역 사회에서 활발하게 전개된 전도 프로그램에 참여할 기회가 있었습니다. 하지만 그 기회를 거부했습니다. 이 교회는 부유하고 더 나은 교육을 받은 소수의 흑인은 인정했지만, 주요 흑인 사회와는 담을 쌓고 지냈습니다.

그러다가 자금 부족으로 인해 결정적인 위기가 발생하자 50만 달러짜리 건물을 완전히 다른 교단에 팔아야 했습니다. 옛 백인 교회는 폐쇄되면서 그 교단은 교회 하나를 잃고 말았습니다. 만약 그 교회가 10년 전에 교회 성장 원리를 적용했더라면, 오늘날 그 지역에 사는 주민들 가운데서 적어도 200가족에서 300가족이 그 교단, 그 교회에 속한 교인일 것입니다.

안: 다른 문화와 배경을 가진 사람들에게 교회를 넘겨주기로 한 결정은 특히 교회를 자랑스럽게 생각한 백인 미국인들에게 매우 어려운 결정이었을 것입니다.

맥: 예, 그건 사실입니다. **어려운** 결정이었습니다.

안: 어려운 것처럼 보일지 모르지만, 기독교 신앙은 문화의 장벽과 관계없이 전수되어야 합니다.

맥: 우리는 모든 사람을 우리의 문화에 끌어들일 수 없으며, 그렇게 하고 싶지도 않습니다. 그들은 풍요롭고 아름다운 그들의 문화를 가지고 있으며, 기독교 신앙은 모든 문화에서 성장해야 합니다.

안: 기독교 신앙은 다양한 격자 울타리에서 자랄 수 있는 포도나무와 같습니다. 격자와 포도나무는 지금까지 너무나 자주 하나로 또는 같은 것으로 생각되어 왔습니다.

세 번째 선택지

안: 저는 '변화에 직면한 교회'를 위한 세 번째 선택지가 있다고 믿습니다. 그 선택지는 교회가 새로운 지역 사회로 옮겨가는 것입니다. 그러면 많은 문제를 해결할 수 있습니다.

맥: 만약 루터교회라고 부르는 이 교회가 철수하기로 하면, 교회는 그 건물을 거의 공통점이 없는 사람들에게 팔 것입니다. 물론 이것은 가능한 선택지이긴 하지만, 좋은 해결책은 아닙니다. 그보다는 성령께서 '변화에 직면한 교회'의 신자들 가운데 거하심으로 교회가 생명과 능력 안에서 늘 활기차게 움직이고, 더 나아가 예수 그리스도를 모르는 이웃 사람들에게 그들의 신앙을 전하는 것이 훨씬 낫습니다.

안: 어쨌든 이 세 번째 선택지를 선택하게 되면, 10년 뒤에 새로운 그리스도인들이 교회를 인계받게 되고, 백인들은 그들이 이사한 지역 사회에서 다른 교회에 등록하거나 새로운 교회를 시작하게 되겠군요.

맥: 그게 만족스러운 해결책이 아니겠습니까?

성장하는 교회의 특성을 적용하라

안: 성장하는 교회의 특성을 '변화에 직면한 교회'에 적용해 보겠습니다. 예를 들어, 성장하는 교회에는 성장 목표가 있습니다.

맥: 예, 해마다 이 교회는 모호한 성장 목표-설사 있다 하더라도-에 의해 운영됐습니다. 하지만 이제는 여러 인종이 혼합된 자신의 지역 사회에 맞는 합리적인 성장 목표를 수립해야 합니다.

안: 성장하는 교회의 또 다른 특징은 리더들을 개발할 계획이 있다는 것입니다.

맥: 바로 그겁니다! 조금 전에 이야기했던 오래된 백인 교회의 신자들이라면 이렇게 말했을 것입니다. "우리에게는 지도자들이 있습니다. 우리는 이 교회의 장로들과 집사들이 누구인지 알고, 정회원들이 누구인지도 알고 있습니다. 우리는 그들이 어떻게 말해야 하고, 어떻게 옷을 입어야 하고, 어디에 살아야 하는지 압니다. 우리에게는 나름 표준이라는 게 있어서 그 표준에 부합하는 지도자들을 선택합니다." 이들의 생각이 30년 전 동질적인 백인 사회에서는 통했을 수도 있습니다. 하지만 그 백인 사회가 더는 존재하지

않습니다. 리더십 표준은 실제 상황에 맞아야 합니다. 흑인 지도자들의 교육 수준은 나이 많은 백인들의 교육수준과 다를 것입니다. 그들은 백인들과 같은 그리스도인이지만 교육 수준은 떨어질 것입니다. 그런데 만약 그 교회의 지도자들이 백인뿐이라면 흑인 100가족과 치카노 100가족을 얻을 수 없을 것입니다. 흑인 설교자, 흑인 집사, 흑인 장로 중에서 선택된 흑인 지도자들이 지도자 그룹에서 다수를 점해야 합니다! 이 새로운 기독교 셀 그룹들-흑인들과 치카노들-은 자긍심을 가질 뿐만 아니라 자치적(自治的), 자전적(自傳的), 자립적(自立的)이어야 합니다. 그것이 그들이 증식할 수 있는 유일한 방법이고, 그들이 제 역할을 할 수 있는 유일한 방법입니다.

> **성장하는 교회의 특성**
> 1. 성장 목표가 있다.
> 2. 리더 개발 계획이 잇다.
> 3. 신앙이 성장하고 있는 동질집단들 속에서 사람들을 훈련한다.

안: 리더십 개발을 위해 '변화에 직면한 교회'는 신앙이 성장하고 있는 동질집단들 속에서 사람들을 훈련해야 합니다.

맥: 우리는 이미 청소년과 관련하여 그렇게 하고 있습니다. 청소년은 뚜렷한 하위문화인데, 우리는 교회 안에서 청소년들이 다른 청소년들을 이끌어주도록 지도하고 있습니다. 우리는 어떤 교회에서도 머리가 희끗희끗한 사람들에게 청소년들을 지도하는 책임을 맡기지 않습니다. 그 대신에 우리는 청소년 지도자를 채용합니다.

안: '변화에 직면한 교회'는 새로운 목회자를 찾고 있습니다. 만약 제가 강단위원회에 있다면, 변화하는 지역 사회에 교회를 개척하는 방법을 알고, 더 많은 가능성을 보고, 그리스도인이 된 사람 중에서 평신도 리더가 될 만한 사람들을 선별하여 훈련하는 당찬 사람을 찾을

것입니다.

어쨌든 '변화에 직면한 교회'에는 당면한 문제들과 씨름할 수 있고, 하나님의 도움으로 승리할 수 있는 훌륭한 그리스도인들이 많이 있습니다.

10장
교외 교회

안: 이 교회의 프로필은 성장, 건강, 활력을 보여줍니다. '교외 교회'(Suburban Church)의 신자들은 편안하고 행복합니다. 그 교회의 신자 구성은 젊은 가족들이 가장 많은 지역 사회의 단면을 반영합니다.

많은 교인이 인근 도시에서 직장으로 출퇴근합니다. 지역 사회는 안정되어 있지만, 사람들이 다른 근무지로 이동함에 따라 매년 교인 구성원들이 많이 바뀝니다.

주일에는 예배를 두 번 드리는데, 신자들이 예배당에 가득 찹니다. 교회학교는 계속해서 성장하고 확장되었습니다. 교회는 기독교 양육을 매우 강조합니다.

'교외 교회'에는 최근 몇 년 새 지은 시설들이 있습니다. 새롭지는 않지만, 그것들은 현대적이고 지역 사회의 경제적 수준에 적합합니다. 당회는 한 가지 문제를 고심하고 있는데, 교육 공간이 성장의 요구를 충족하기에 충분하지 않다는 것입니다. 전체적으로는 헌금과 기증품이 운영에 필요한 재정과 물품을 조달하는 데 충분했지만, 많은 젊은 가족들은 경제적 압박으로 인해 헌금을 줄였습니다.

'교외 교회'는 지역 사회와 좋은 관계를 유지하고 있습니다. 이 지역 사회는 과거에 도시에서 몇 마일 떨어진 작은 마을이었지만,

지난 10년 동안 엄청나게 성장했습니다. 새집들이 지어지고, 학교들과 소규모 사업체들이 번창했습니다. 이 수용적인 인구 집단 속에서 성장해온 이 '교외 교회'는 생동감이 넘쳐 보입니다.

맥: '교외 교회'에 대해서 잘 묘사해 주셨습니다. 미국에는 이런 교회가 수천 개 있습니다. 단지 교외 지역의 수가 계속 증가할 것이라는 이유만으로도 '교외 교회'가 증식할 기회는 실로 엄청납니다.

안: 이런 교회들이 많다는 것이 미국 개신교의 주요 강점입니다.

가능성 찾기

맥: 그 교회들은 앞으로 더 활기차게 성장할 것입니다. 시카고에서 피츠버그까지, 보스턴에서 워싱턴까지, 샌프란시스코에서 샌디에이고까지 거대한 대도시들이 발전할 것입니다. 도시화한 지역이 성장함에 따라 말씀하신 대로 교회들에 수많은 기회가 생겨날 것입니다.

안: 그리스도인들이 그 기회를 포착할 수 있을까요?

맥: 반드시 포착해야 합니다! 책임적 위치에 있는 교회 지도자들은 하나님께서 그들에게 매우 유리한 상황을 만들어 주셨고, 그들에게 비할 데 없는 성장 기회를 주셨다는 것을 깨달아야 합니다.

안: 안타깝게도 그 엄청난 기회가 사장되는 경우가 많습니다.

맥: 그런 일이 일어나는 한 가지 이유는 '교외 교회'가 너무 소심하게

생각하기 때문입니다. 그들은 회중이 어느 정도 성장을 경험했기 때문에 스스로 잘하고 있다고 생각하며 쉽게 긴장을 푸는 경향이 있습니다. 하지만 그들은 더 넓게 생각하고 더 멀리 내다볼 필요가 있습니다.

성장 목표 설정

안: '교외 교회'에 필요한 한 가지는 성장 목표를 설정하는 것입니다.

맥: 정확하게 보았습니다!

안: 우리가 앞에서 도표와 그래프가 교회 성장의 이전 패턴을 밝히는 데 어떤 도움을 주는지 이야기했지만, 이제는 미래를 향해 목표를 투영하는 중요한 단계에 이르렀습니다.

맥: 우리는 이 투영(projection)을 믿음의 한 단계로 봐야 합니다.

안: 분명히 내일의 목표를 어제의 실수 위에 세워서는 안 됩니다. 저는 예산위원회가 작년 예산을 새 예산의 주요 지침으로 삼는 것을 여러 번 보았습니다. 이런 접근 방식은 문제를 복잡하게 만들고 성장 가능성을 제한할 뿐입니다. 비전을 확장해야 합니다.

맥: 가능성을 보고, 자신들이 그것을 성취하기 위한 하나님의 도구임을 깨닫는 것이 관건입니다.

안: 믿음의 목표(faith goals)는 하나님의 계획을 담을 수 있을 만큼 커야

합니다. 단지 우리의 힘과 노력으로 달성할 수 있는 목표가 계획된다면 도대체 믿음은 무슨 역할을 하는 것입니까? 그리고 하나님은 어디에 계십니까?

맥: 일리노이 주 스프링필드에 있는 찰스 채니(Charles Chaney) 박사에게서 믿음의 목표를 세웠을 때 일어날 수 있는 일에 관한 훌륭한 사례를 들은 적이 있습니다. 그는 남침례교가 최근 몇 년 동안 어떻게 그 주에 400개가 넘는 교회를 세웠는지를 말해 주었습니다! 이 교회 개척은 일리노이 주의 많은 교회와 교단이 '기독교 이후 시대(the post-Christian era)의 부적절한 교회'를 비판하고, 기독교에 관심이 없는 사람들에 대해 개탄하면서 교회의 미래를 의심하는 동안 일어났습니다!

목표 설정은 긍정적인 결과를 만들어 냅니다. 채니 박사에 따르면, 남침례교는 향후 30년 동안 일리노이에 600개 이상의 교회를 개척할 계획입니다. 그것은 훨씬 더 많은 사람이 참여할 수 있는 합리적이고 대단히 적극적인 성장형 사고방식입니다.

안: 목표 설정은 교단 수준뿐만 아니라 지역 교회 수준에서도 효과적입니다. 사실 큰 목표를 작은 부분으로 세분화할수록 더 효과적이며, 사람들도 목표 설정 과정에 더 많이 참여하게 됩니다.

맥: 무슨 뜻입니까?

안: 목표가 효과를 발휘하려면 관련된 모든 사람이 그 목표를 자신의 것으로 '소유'해야 합니다. 예를 들어 목회자가 회중에게 "내년 목표는 심방 400회, 교회학교 100가정 증가, 새 등록교인 150명입니다."라고 말한다면, 그것은 목회자 **자신의** 목표가 될 뿐 반드시

회중의 목표가 되는 것은 아닙니다. 이런 경우에 회중은 그 목표에 구두로 동의하지만, 성취에는 관여하지 않는 불행한 사태가 벌어집니다. 그들이 왜 그 목표를 위해 수고해야 합니까? 그들은 그 목표를 '구매'하지도 않고 '소유'하지도 않습니다.

몇 주가 지나 목표가 점점 모호해지자 그 목사는 회중이 움직이도록 그들을 '채찍질'하는 경향을 보입니다. 하지만 이 '채찍질'은 소외감과 긴장감만 불러올 뿐이며, 곧 목사는 더 유익한 현장으로 떠나야겠다고 결심합니다.

하지만 떠나는 것보다 더 좋은 방법이 있습니다!

목표는 '소유'되어야 하며, 이 '소유'는 교인들이 목표를 수립하는 일에 참여하면서 이루어집니다. '교외 교회'의 경우, 목사는 먼저 성장할 수 있는 '분위기'(climate)를 조성해야 하는데, 이 '분위기'는 교인들이 성장의 이유와 기회를 파악할 수 있도록 도와줄 때 만들어집니다. 다음 단계는 교회의 다양한 그룹을 초대하여 성장 노력에 참여시키는 것입니다. 토론과 기도 후에 각 그룹은 신앙 성장 목표를 세울 것입니다. 누적된 목표는 그 기간의 전반적인 교회 성장 목표를 나타냅니다. 여러 가지 노력 중에서도 인정, 격려, 진행 보고서는 좀 더 중요한 부분이 될 것입니다.

> **목표는 '소유'되어야 하며, 이 '소유'는 교인들이 목표를 수립하는 일에 참여하면서 이루어진다.**

몇 주가 지나면, 사람들은 정한 목표를 자신의 것으로 인식하기 때문에 목표를 달성하기 위해 노력할 것입니다. 그들은 목표를 설정하는 일에 참여했기 때문에 그것을 '소유'합니다. 교회는 성장하고, 사람들은 '목표의 결과'를 보고 행복해하며, 목사는 하나님께서 여러 해 동안 풍성한 수확과 봉사로 자신을 부르셨다고 느낄 것입니다.

맥: 저는 신자들이 목표를 설정하는 데 참여했기 때문에 목표 달성을 위해 더 열심히 일할 것이라는 의견에 동의합니다.

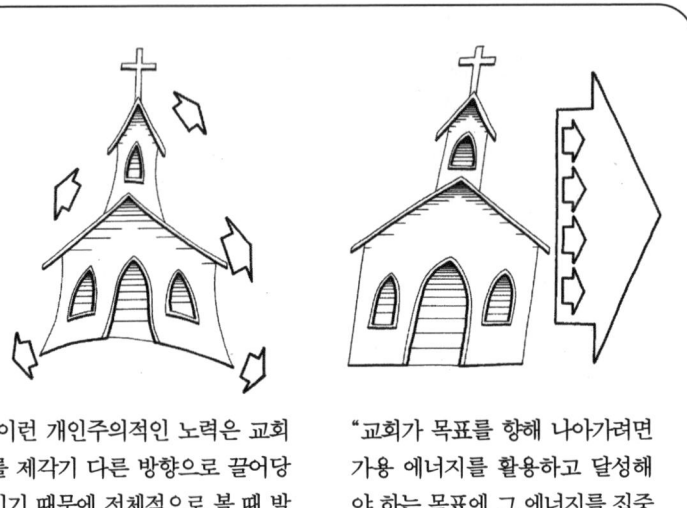

"이런 개인주의적인 노력은 교회를 제각기 다른 방향으로 끌어당기기 때문에 전체적으로 볼 때 발전을 상당히 어렵게 만듭니다."

"교회가 목표를 향해 나아가려면 가용 에너지를 활용하고 달성해야 하는 목표에 그 에너지를 집중해야 합니다."

안: 우리가 인식해야 할 또 다른 진실이 있습니다. 교회가 목표를 향해 나아가려면 가용 에너지를 활용하고, 달성해야 하는 목표에 그 에너지를 집중해야 합니다.

목표가 명확하게 정의되지 않은 교회에서는 대개 개별 그룹이나 조직이 자기들의 '일'을 수행하는 것을 볼 수 있습니다. 이런 개인주의적인 노력은 교회를 제각기 다른 방향으로 끌어당기기 때문에 전체적으로 볼 때 발전을-발전 자체를 불가능하게 하지는 않지만- 상당히 어렵게 만듭니다.

그러나 개별 그룹과 조직들의 목표를 통일한 뒤 그들의 에너지를 이용하면 노력이 집중됨으로써 발전이 가능해집니다. 사용 가능한 에너지는 소멸하지 않고 유기적인 시스템을 통해 다른 곳으로 흘러가고, 결과적으로 교회는 앞으로 나아갑니다.

맥: 그런데 목표 설정과 관련된 한 가지 심리적인 문제가 있는데, 실패에 대한 두려움이 그것입니다.

안: 맞습니다. 사실, 목표가 없으면 실패를 두려워할 이유도 없습니다. 두려움은 믿음을 좌절시킵니다. 저는 실패할 수 있는 자유가 가장 중요한 자유이며, 목회자와 교인들이 어떤 일을 할 때마다 거기에는 실패의 가능성이 늘 내재해 있음을 인식해야 한다고 생각합니다.

'교외 교회'가 내년에 새로운 회심자 150명을 목표로 세웠다고 상상해 봅시다. 그 노력의 결과로 그들은 100명의 회심자를 얻었습니다. 그렇다면 그것을 실패라고 말할 수 있습니까? 당연히 아닙니다. 오히려 성공입니다! 목표 없이 진행했을 때보다 100명이나 더 많은 회심자를 얻었다고 말해야 옳을 것입니다.

목표는 수정될 수 있습니다. 예를 들어 '교외 교회'가 목표를 세웠지만, 나중에 상황이 변했고 목표가 더는 유효하지 않다는 것을 알게 되었다고 가정해 봅시다. 그렇다면 어떻게 해야 할까요? 현실적인 믿음 목표(faith-goal)로 바꿔야 합니다.

맥: 우리는 '교외 교회'와 모든 교회가 "우리는 하나님께서 우리에게 주신 기회에 맞춰 교회 성장 목표를 수립해야 할 책임이 있습니다."라고 말해야 한다는 데 동의합니다.

소그룹 활동

안: 계속 이야기해 볼까요? 성장하는 교회의 특징은 소그룹을 활용한다는 것입니다.

맥: 교회가 빠르게 성장하면 교인들이 개인적인 접촉을 잃는 부작용이 생깁니다. 이동성이 강한 사회의 특성상 미국인들은 어떤 사회 집단을 드나들면서 타인들과 밀접한 관계를 맺지 않는 경향이 있으므로 교회 역시 다소 비인격적인 장소가 됩니다. 교회에서 당신은 다른 사람들에게 인사를 하기도 하고 받기도 하지만, 인간에게 그토록 필요한, 사적이고, 친밀하며, 우호적인 관계는 거기에 없습니다.

안: 기독교 소그룹은 관계의 필요성을 가장 잘 충족시켜 줄 수 있는 작은 공동체입니다. 이 그룹의 구성원들은 '일반적인' 교회 활동에서보다 훨씬 더 깊은 수준에서 다른 사람들을 알게 됩니다. 그들은 그룹의 다른 사람들에 대한 기독교적 사랑, 관심, 이해를 공유합니다. 그들은 그룹 안에서 정직하고, 가면을 벗고, 진정한 자신이 될 수 있는 자유를 느낍니다. 그들은 주님 안에서 '형제' 또는 '자매'의 깊은 의미를 알아갑니다.

맥: 소그룹은 매우 필요하며, 미국 전역에서 큰 복을 받고 있습니다. '교외 교회'는 그들 안에서 초대 교회의 흔적뿐만 아니라 전체 회중을 관통하는 유익하고 보람 있는 관계들을 발견할 수 있었습니다.

교회가 크고 성장이 빠를수록 소그룹 사역이 더 중요해진다.

안: 저는 교회가 크고 성장이 빠를수록 소그룹 사역이 더 중요하다고 생각합니다.

맥: 그리고 아마도 얻는 것도 많을 것입니다. 소그룹이 가진 장점도 있지만, 큰 교회가 가진 장점도 있습니다. 따라서 큰 교회에 활기찬 소그룹이 많으면 최상의 결과, 곧 큰 것의 장점과 작은 것의 친밀함을 모두 구현할 수 있습니다.

전도 활동

안: 우리가 고찰하고 있는, 그런 성장하는 교회의 경우, 직접적인 전도 활동의 필요성이 줄어들까요?

맥: '교외 교회'가 빠지기 쉬운 유혹은 전도 활동을 하면서 지정학적으로 유리한 예배당 위치에 의지하는 것입니다.

안: 그것으로 충분하지 않습니까?

맥: 그렇지 않습니다! "우리는 좋은 위치에 있습니다. 유명한 거리에 5에이커의 부지를 가지고 있습니다. 모두가 우리 교회를 알고 있습니다." "우리는 훌륭한 목사님이 설교하는 예배에 참석하고 있습니다." "마을의 상류층 사람들이 와서 우리와 함께 예배합니다." "우리에게는 좋은 유치원이 있습니다." "우리 합창단은 마을에서 최고입니다." 이런 것들은 모두 사람들을 교회에 쉽게 등록하게 만드는 플러스 요인들입니다. 그러나 그것이 전부라면 기독교는 너무나 피상적입니다. 직접 전도는 어느 교회에서나 필수적인 사역입니다. 교회 성장 원리는 "외부적인 이점에 의존하지 말라."라고 말합니다. 교회 성장 원리는 "그리스도의 명령에 순종하여 사람들이 복음에 직면하도록 만드는 직접 전도에 참여하라."라고 말합니다.

사람들은 기독교 신앙의 위대한 보물이 이런 외부적인 이점과 완전히 분리된 어떤 것임을 알아야 합니다.

리더십 개발

안: '교외 교회'와 같은 교회는 리더십 배치에 각별한 관심을 기울여야 합니다. 우리는 앞에서 교회에 존재하는 다양한 유형의 리더에 관해 이야기한 적이 있는데, 이 교회는 유지 보수와 전도 사역 모두에 리더들을 배치하는 전략을 채택해야 합니다.

맥: 부유한 교회가 빠지기 쉬운 유혹은 자기 자신에게 관심을 두는 것입니다. 해외 선교나 도심의 자선 프로그램을 통해 선한 일을 하기도 하지만, 이 교회는 그 자체로 만족하는 경향이 있습니다. 그러나 이 교회가 정말로 영적인 건강을 원한다면, 교인 중 상당히 많은 사람이 다른 이들에게 예수 그리스도에 관해 이야기해야 합니다. 그들은 그분이 그들에게 어떤 의미가 있는지 증언할 것입니다. 그들은 다른 사람들을 위해 기도할 것입니다. 그들은 사람들이 그분의 제자가 되고 그분이 제시한 길을 따름으로써 얻을 수 있는 새로운 삶의 질(質)에 관해 이야기할 것입니다.

안: '교외 교회'는 교인들의 사역 배치를 신중하게 연구할 필요가 있습니다. 클래스1 리더와 클래스2 리더의 수를 파악하고, 적절한 균형을 유지하는 조처를 해야 합니다.

전도와 교육

안: 우리가 논의하고 있는 '교외 교회'에 특별한 의미가 있는 또 다른 문제를 다뤄봅시다. 아마도 이것은 모든 교회가 직면하고 있는 문제일 것입니다. '교외 교회'의 태도는 이렇습니다. "우리는 성장하고 있습니다. 우리에게 가장 필요한 것은 일을 완벽하게 하는 것입니다. 교회는 그리스도인들이 세상에서 그리스도인으로 살도록 가르치는 일을 위해 부름을 받았습니다. 이 일이 성취되면 전도, 선교, 관리는 모두 제자리를 찾을 것입니다." '교외 교회' 교인들의 말을 다른 말로 표현하면 "우리는 전도와 교육 사이에서 긴장을 느끼고 있습니다."라는 것입니다.

맥: '긴장'을 강조하는 것은 옳지 않습니다. 이것은 복음 전도와 기독교 교육 둘 중의 어느 하나를 선택해야 하느냐에 관한 문제가 아닙니다. 반드시 **둘 다**를 선택해야 합니다. 예를 들어 만약 기독교 교육이 이웃, 친구, 친척이 예수 그리스도를 알게 하는 일에 무관심하다면 그것은 기독교적인 것이 아닙니다. 교육이 정말 기독교적인 것이 되려면 교육이 사람들이 예수 그리스도를 알게 하려는 열정으로 가슴이 뛰어야 합니다.

안: 그리고 전도 역시 은혜 안에서 성장하는 것에 관심을 가져야 합니다. 만일 전도가 '영혼 구원'에서 '영혼 구원'으로만 이어지면 불완전합니다. 그렇게 되면 새로운 회심자가 성장하고, 성숙하고, 재생산하는 전체 과정에 관해서는 무관심하게 됩니다. 제 생각에, 적합한 전도(adequate evangelism)는 온전한 인간(the whole person)에 관심을 가져야 합니다. 박사님께서 말씀하신 바와 같이, 그것은 전도와 기독교 교육 중 어느 하나를 선택하는 것이 아닙니다. 오히려 그 두

가지는 온 세계로 가서 가르치라는 성경의 명령을 수행하기 위해 서로 결합합니다. 적합한 전도는 가기만 하는 것도 아니고 가르치기만 하는 것도 아닙니다.

맥: 그 특정 구절을 분석하면 그 명령이 '제자로 삼아라'라는 것임을 알 수 있습니다. 그들을 어떻게 제자로 삼습니까? '가서' '가르침으로써' 제자로 삼습니다. 제자로 삼으라는 것이 명령이고, 가서 가르치는 것이 그리스도인들이 그 명령을 수행하는 방법입니다. '교외 교회'는 이 두 가지를 모두 수행해야 합니다.

안: 그런데 '교외 교회'의 경우에 한 가지 문제는 기독교 교육이 항상 전도보다 쉽다는 것입니다. 기독교 교육은 우리 자신, 우리 자녀, 청소년과 어른들에게 봉사하는 것입니다.

맥: 예, 전도가 더 어렵습니다. 전도는 본질적으로 다른 사람들을 위해 하는 것인데, 그것은 그들의 복지에 대해 지나치게 염려하는 것으로, 그리고 무례한 것으로 해석될 수도 있습니다. 그 때문에 교외의 많은 그리스도인은 딱히 전도라고 부를 만한 것을 하지 않는 경향이 있습니다. 종종 교회는 기독교 교육에 비중을 두는 대신 전도에 힘을 쏟지 않으며, 전도를 위한 실제적인 역량을 개발하지도 않습니다.

안: 역사가 두 가지를 증명한다고 생각합니다. 하나는 기독교 교육 없이는 기독교가 존재할 수 없다는 것이고, 두 번째는 교회가 번성했을 때 자신만의 독특한 교육 방식을 만들었다는 것입니다. 예를 들어 미국에서 교회학교는 교회 발전에 중요한 역할을 해왔습니다.

맥: 예, 그렇습니다. 교회학교가 번성하면 교회가 성장한다는 것을 입증하는 많은 증거가 있습니다. 그러나 증거를 주의 깊게 살펴보면 두 현상 사이에 자동적인 인과 관계가 있는 게 아님을 알 수 있습니다. 교회학교가 있다고 해서 **무조건** 교회가 성장하는 것은 아닙니다. 오히려 특정한 종류의 교회학교가 있는 경우에 교회가 성장할 가능성이 높습니다. 그러므로 모든 교회가 자신의 교회학교를 매우 주의 깊게 살펴볼 필요가 있습니다. 당신의 교회학교는 연간 4, 5, 6%의 교회 성장을 책임지고 있습니까? 만약 그렇지 않다면 "음, 우리에게는 좋은 교회학교가 있습니다. 조금만 더 나아지면 교회가 성장할 것입니다."라고 말하면서 스스로 위로해서는 안 됩니다.

안: 그 생각을 교회의 모든 조직으로 확장해야 합니다. 다시 말해서 성장을 위해서는 교회의 모든 그룹이 중요한 역할을 해야 합니다.

맥: 그러므로 교회의 모든 조직이 자신을 이중적으로 보는 것이 매우 중요합니다. 예를 들어 어느 한 남성 그룹이 있는데, 회원들 사이에 좋은 교제가 이루어지고 있다고 칩시다. 그들은 모여서 즐겁게 지내고, 서로를 알아 가고, 성경을 공부합니다. 그러나 그 조직은 여기서 그치지 말아야 합니다. 그들은, 자신들의 조직이 친교 그룹이기도 하지만, 다른 남성들에게 다가가 복음을 전하는 수단이기도 하다는 사실을 분명히 이해해야 합니다. 오늘날 복음 전도는 많은 미국 교회들의 약점입니다. 다른 사람을 섬기는 것보다 자기 자신을 섬기는 것이 더 쉽습니다.

안: 남성 그룹들이 자신들이 하는 활동을 친교라고 말하는 것을 볼 때마다 사실 속으로 웃음이 나온 적이 한두 번이 아니었습니다. 그들

은 둘러앉아서 먹고, 다트를 던지고, 누군가의 연설을 듣습니다. 하지만 그들은 하품하며 지루해합니다. 의미 있는 교제는 다소 희박한 편이지요. 반면에 활력이 넘치는 다른 한 남성 그룹은 교회 지붕을 고치거나 이웃을 방문하는 등 목적을 가지고 그리스도를 섬기느라 바쁩니다. 친교는 더 큰 목적의 부산물로 자연스럽게 뒤따라옵니다. 사역의 동기가 뚜렷한 그룹이 '교외 교회'의 성장에 이바지할 것입니다.

맥: 제가 어느 교회에서 정말 아름답게 교제하는 그룹을 본 적이 있는데, 그리스도를 위해 그 마을에 복음을 전하기로 한 남성 그룹이었습니다. 회원들은 마을의 필요 사항을 파악하기 위해 설문 조사를 한 뒤 다양한 전도 방식으로 복음을 전했습니다. 주간 모임에서 그들은 어떤 일들이 있었는지 보고하고, 다시 미래를 위해 계획하고 기도했습니다. 이 의미 있는 사역을 하는 동안 그들은 많은 교제를 나누었고 서로를 매우 잘 알게 되었습니다.

전도와 사회 행동

안: '교외 교회'가 직면할 수 있는 또 다른 긴장은 전도와 사회 행동(social action) 사이의 긴장입니다. 예를 들어 저는 이런 말을 많이 들었습니다. "우리가 사는 세상에 굶주림, 가난, 편견, 증오와 같은 문제가 많이 있는데, 교회가 어떻게 전도에 관해 이야기할 수 있습니까? 당신의 교회가 전도에 관심이 있습니까? 만약 **오늘날 세상의 실제 문제**에 관여하지 않는다면, 전도에 관해서 당신이 하는 말은 의미가 없습니다."

맥: 예, 그런 주장을 자주 듣지요. 사람들은 우리가 이런 문제들을 해결하지 않는 한 다른 사람들에게 신뢰를 주는 말을 하기 어렵다고 공격합니다. 저는 이런 주장이 잘못됐다고 생각합니다. 이 주장은 우리나라, 특히 교외 지역에서 이루어지는 의미 있는 기독교 증거(Christian witness)를 간과하고 있습니다. 북미에 빈곤, 편견, 증오와 같은 문제가 있다는 점은 인정하지만, 아무리 그 문제를 부풀려 강조한다고 해도 얻을 수 있는 것은 전혀 없습니다.

사실 북미에서 이루어지는 기독교 증거는 다소 역동적입니다. 그리스도인들이 지역 사회 프로젝트에 참여하고, 시민 기업을 운영하는 등 많은 영역에서 선한 의지를 쏟아내고 있습니다! 여기 미국에서는 교회가 모든 삶에 도덕적, 윤리적 기초를 제공하고 있습니다. 이런 현실은 실제로 보지 않고는 아무리 설명해도 알 수 없지요. 제가 그랬듯이 당신도 30년 동안 외국에서 살다가 돌아오면 그 차이를 확연하게 볼 수 있을 것입니다.

안: 사람들이 볼 때 '교외 교회'가 신뢰할 만하다는 뜻이니까, 이제 전도에 관해 말씀해 주시겠습니까?

맥: 예, 그럽시다. 하지만 제가 말한 어떤 것도 우리가 완벽하다는 인상을 주어서는 안 됩니다. 아직 할 일이 많고 바로 잡아야 할 불의가 있지만, 대부분의 '교외 교회'는 그들이 하는 모든 전도에 대해 신뢰를 얻을 수 있을 만큼 충분히 선한 활동을 많이 하고 있습니다. 더욱이 전도는 우리가 얼마나 좋은 사람들인지를 말하는 행위가 아니라는 점을 절대로 잊지 말아야 합니다. 우리는 우리 자신이 아니라 그리스도를 전파

> 교회는 사회 행동을 계속하되 "우리가 더 많은 사회 행동을 하기 전까지는 어떤 전도도 할 수 없습니다."라고 말하는 실수를 하지 말아야 한다.

합니다. 우리가 우리 자신에 관해서 말하기 시작하면 전도는 끝난 것입니다. 우리가 얼마나 좋은지는 상관없어요. 우리는 그리스도를 전하고 사람들에게 "우리도 죄인이지만 구주를 찾았으며, 여러분도 그분을 찾기를 원합니다."라고 말할 뿐입니다. 그것이 본질적으로 전도입니다.

'교외 교회'는 사회 행동을 계속하되 "우리가 더 많은 사회 행동을 하기 전까지는 어떤 전도도 할 수 없습니다."라고 말하는 실수를 하지 말아야 합니다. 그리스도인의 삶에서 가장 큰 기쁨을 누리기 위해서는 '교외 교회'가 그리스도를 전해야 합니다. 더 많은 전도를 해야 합니다.

11장
가라 그리고 성장하라

자동 성장?

안: 지금까지 교회 성장에 관해 긴 시간 토론했지만, 어떤 독자들은 이렇게 말할 수도 있을 것입니다. "교회의 사명은 이 세상에서 하나님의 모든 프로그램을 수행하는 것입니다. 사람들을 기독교 신앙으로 이끄는 것이 그 프로그램의 일부인 것은 의심의 여지가 없지만 가장 중요한 부분은 아닙니다."

맥: 그리고 그들은, 각 회중, 평신도 지도자, 목회자가 해야 할 일은 교회의 전체 프로그램을 수행하는 것-교회학교에서 가르치고, 건물을 유지하고, 좋은 설교를 하고, 조직을 잘 관리하는 것-이라고 주장합니다. 그리고 이렇게 하면 교회가 자동으로 성장한다고 말할 것입니다.

안: 그러나 자동 성장(the automatic growth)이 일어나지 않을 수도 있습니다.

맥: 우리가 가진 모든 증거에 의하면 자동 성장이란 일어나지 않습

니다. 교회의 성장에 가장 큰 걸림돌은 '교회가 성장하든 그렇지 않든 상관없이 진행되는 훌륭한 교회 사업'에 대한 믿음입니다. 우리가 단지 '훌륭한' 교회 사역에만 매달릴 때 교회는 성장하지 않습니다. 교회의 성장을 위한 명확하고 적극적인 계획이 없으면 성장도 없을 것입니다.

사람들이 예수 그리스도의 제자가 되고 교회의 책임 있는 구성원이 되기를 바라는 열망이 신자들의 마음을 사로잡지 않는 한, 교회는 좋은 청소년 모임, 좋은 교회학교, 좋은 설교 또는 좋은 찬양대가 있다고 해서 성장하지 않습니다. 물론 그들이 이런 것들에 강한 열정을 가지고 있다면, 조직과 프로그램들은 교회가 성장하는 데 도움이 될 것입니다.

안: 그러나 대답은 다시 제자리로 돌아옵니다. "우리의 활동과 프로그램을 늘리면, 우리가 하는 일을 강화하고 더 열심히 노력하면 성장할 것입니다."

맥: 분명히 말하지만, 그것은 사실이 아닙니다. 그 생각의 배후에는 "물론 우리는 교회 성장에 관심이 있습니다."라는 가정이 있습니다. 그러나 우리는 막연한 방식으로 교회 성장에 관심을 갖는 것과, 성장하는 때와 성장하지 않을 때를 알 만큼 충분히 교회 성장에 관심을 갖는 것을 구분해야 합니다. 우리는 어떻게든 교회가 성장할 것이라고 믿으면서 끝없는 활동을 계속할 수는 없습니다. 교회를 성장시킬 계획이 있어야 합니다.

성장을 위한 계획

안: 좀 더 구체적으로 말해봅시다. 성경에는 교회 성장에 대한 계획이 있습니까?

맥: 바울이 교회를 개척하는 것을 관찰해보세요. 그는 매우 확실한 계획을 세워놓고 있었습니다. 그는 항상 회당에서 복음을 전했습니다. 그의 첫 번째 메시지는 메시아가 왔다는 것입니다. 태어날 때부터 유대인인 사람들이 예수를 메시아로 믿는 일이 생기자 그는 개종자들과 독실한 사람들을 받아들이기 위해 그룹을 나누었습니다. 그때부터 그는 이방인들에게 복음을 전했습니다. 그리고 그는 지역 사회에서 복음을 전하다가 자주 쫓겨났는데, 그럴 때마다 그는 미련 없이 다른 지역으로 옮겨갔습니다. 바울은 그 과정을 몇 번이고 반복했습니다. 예, 바울은 교회 개척을 위한 확실한 계획을 세워놓고 있었습니다. 그것이 효과가 있다는 것을 발견한 뒤에는 그것을 계속 반복했습니다.

안: 신약성경 시대든 오늘날이든 교회가 성장할 때, 그것은 분명한 계획, …대담한 계획, …구체적인 계획, …흥미로운 계획이 만들어지고 실행되었기 때문에 성장하는 것입니다.

맥: 우리는 교회 당회에 제안되고, 토론되고, 수정되고, 받아들여지고, 효력을 발휘하는 확실한 계획이 필요합니다. 마치 새 건물이나 교회의 새로운 주요 사업에 관한 계획이 수립된 뒤 여러 가지 시련을 거쳐 마침내 실행되는 것처럼 말입니다. 교회 성장에 관심이 있는 그리스도인들은 그리스도를 효과적으로 전하는 방법을 찾아야 합니다. 그래야만 믿는 신자가 늘어나고, 교회가 증식될 수 있기 때문

입니다.

안: 계획을 수립해야 하는데, 그 계획은 크게 세 가지 차원으로 구분할 수 있다고 봅니다. 첫째는 지역 교회를 성장시키는 계획이고, 둘째는 자기 나라에 새로운 교회들을 개척하는 계획이고, 셋째는 다른 나라에 새로운 교회를 증식하는 계획입니다. 개체 교회는 이 세 가지를 모두 해야 합니다.

3가지 차원의 교회 성장 계획
1. 지역 교회 성장 계획
2. 본국에서의 교회 증식 계획
3. 타국에서의 교회 증식 계획

맥: 모든 교회가 이 방식으로 사역해야 합니다. 물론 첫 번째 책임은 예루살렘입니다. 그리스도인들은 먼저 자기 지역의 불신자들이 교회에 나오게 해야 합니다. 회중이 300명 또는 400명이 된 것도 축하할 일이지만, 그것으로 만족해서는 안 됩니다. 그리스도와 분리된 채 일반 지역에 사는 3,000명 또는 4,000명의 사람을 위해 기도해야 합니다. 모든 교회는 예루살렘에서 시작됩니다.

그리고 교단에 속해 있기에 감당해야 할 책임도 있습니다. 앞서 말했듯이 교단의 성장률을 도표화하는 것은 매우 흥미로운 일입니다. 교인들은 자신들이 속한 교단의 성장이 인구증가를 따라잡고 있는지, 뒤처지고 있는지, 또는 급증하고 있는지 확인해야 합니다.

이런 연구들은 교단 성장을 위한 계획을 세우는 것으로 이어질 것입니다. 그 계획은 항상 새로운 교회들을 개척하는 것을 포함합니다.

안: 그렇다면 다른 나라에 교회를 증식하는 것에 관해서는 어떻게 생각하십니까?

맥: 그리스도인들은 반드시 이 일에 참여해야 합니다. 아직 그리스도인이 아닌 사람들이 전 세계에 20억 명이나 있습니다. 그들 대부분은 그리스도의 이름조차 들어본 적이 없습니다. 전도와 교회 개척의 기회는 아직도 많이 있습니다. 따라서 모든 회중과 모든 교단이 이곳과 바다를 가로질러 교회를 증식하는 것을 목표로 삼아야 합니다. 교회는 세상에 꼭 필요한 희망입니다. 사람들이 그리스도인이 될 때, 그들이 자신의 삶을 그리스도께 온전히 드릴 때, 그리고 자신의 삶을 성경의 원리에 맞출 때, 그들은 오늘날 세상에 매우 필요한 삶의 질(質)을 구현하게 될 것입니다.

안: 따라서 교회가 교회 성장을 위한 계획을 수립할 때, 그들은 실제로 성경으로 돌아가 "예루살렘과 온 유대와 사마리아와 땅끝까지 이르러"(행 1:8)라는 구절을 진지하게 읽어야 합니다.

맥: 예, 하지만 자기 확장(self-aggrandizement)의 수단으로는 아닙니다. 그리스도인들은 세상을 정복하는 사람들이 아니라 세상을 축복하는 사람들입니다. 그들이 선교하는 이유는 이 세상을 하나님께서 원하시는 곳으로 만들고, 그리스도를 통해 사람들에게 사랑스럽고, 선하고, 정의롭고, 평화로운 힘을 주기 위해서입니다.

계획 수정

안: 교회는 성장 계획을 실행에 옮기면서 수시로 계획을 수정해야 할 것입니다.

맥: 우선, 조건이 달라지면 계획이 변경되어야 합니다. 계획이 제대로

작동하지 않아서 수정하는 때도 있습니다. 또는 계획이 **너무** 잘 작동하고, 맥락을 너무 많이 바꾼 경우에도 새로운 계획이 필요할 수 있습니다. 적극적이고, 지적이고, 적절한 계획은 유연해야 합니다. 우리는 피드백에 비추어 계획을 수정해야 합니다.

하나님을 위해 위대한 일을 시도하라

안: 그러면 얼마나 큰 계획이 있어야 할까요?

맥: 계획은 기본적으로 상황에 적합해야 합니다. 하나님께서 우리에게 큰 밭이나 큰 교회를 주셨다면, 자연히 작은 밭이나 작은 교회를 주셨을 때보다 더 큰 계획을 세워야 할 것입니다. 캘리포니아의 한 대형 교회는 거대한 밭인 2백만 명의 스페인계 미국인들을 바라보았습니다. 이런 상황에서 그 큰 교회가 근처에 사는 40명 또는 50명의 스페인계 미국인으로 구성된 작은 회중을 만들 계획을 세우는 것은 충분하지 않습니다. 계획은 필요에 적합해야 합니다. 필요를 보았다면 담대하게 계획을 세워야 합니다! 엄청난 스페인계 미국인 사회가 성장하고 있습니다. 만약 100만이라고 하는 합리적인 수의 구성원들이 그리스도 안에서 새 생명을 얻는다면 훨씬 더 나은 사회가 될 것입니다. 만약 캘리포니아에 있는 교회들이 적절한 계획을 세우려고 한다면, 그들은 엄청난 규모의 불신자들을 교회로 인도할 생각을 해야 합니다. 우리의 계획은 인간의 필요만큼 크고 하나님의 목적만큼 포괄적이어야 합니다.

안: 계획을 세울 때, 우리는 하나님의 뜻이 무엇인지 자문해 보아야 합니다. 왜냐하면 하나님께서 잃은 아들과 딸들을 섬기기 위해 우리

를 보내시기 때문입니다.

성장의 순서도

안: 교회 성장을 위한 계획을 조직하고 실행하는 것을 돕기 위해 우리는 우리 주변의 세속적인 분야에서 배울 수 있습니다.

맥: 그렇습니다! 현대 산업은 '퍼트 도표'(pert chart: 각 작업의 순서 관계를 다이어그램으로 나타내 복잡한 프로젝트를 도식화한 그림-역자 주)라고 부르는 정교하고 논리적인 계획 형식을 사용합니다. 교육에서는 이것을 '순서도'(flow chart)라고 합니다. 그런 도표를 만들 때 작성자는 성취할 목표를 결정하고 이를 '최종 목표'(terminal objective)로 설정합니다. 예를 들어 우리가 교회 건물을 지을 것이라고 가정해 봅시다. 달성할 목표는 이러저러한 부지 위에 세워진, 일정한 크기와 치수의 건물입니다. 그것이 최종 목표입니다. 우리는 목표에 도달하는 데 필요한 모든 단계를 순서도에 설정해 놓습니다. 이를 '실행 목표'(enabling objectives)라고 합니다. 구체적인 과정은 교회가 건물을 짓겠다는 결정, …부동산 구입, …교회가 무엇을 할 수 있는지 추정하는 것 등의 순서로 이어질 것입니다.

안: 그밖에도 건축가 고용, 계획 승인, 자금 조달 등이 추가될 수 있습니다.

맥: 이 모든 단계와 다른 단계들이 적절한 순서로 도표에 표시됩니다. 퍼트 도표가 완성되면 교회 건물을 짓는 데 필요한 모든 단계를 볼 수 있습니다. 그러면 이런 실행 목표들을 통해 체계적으로 작업하

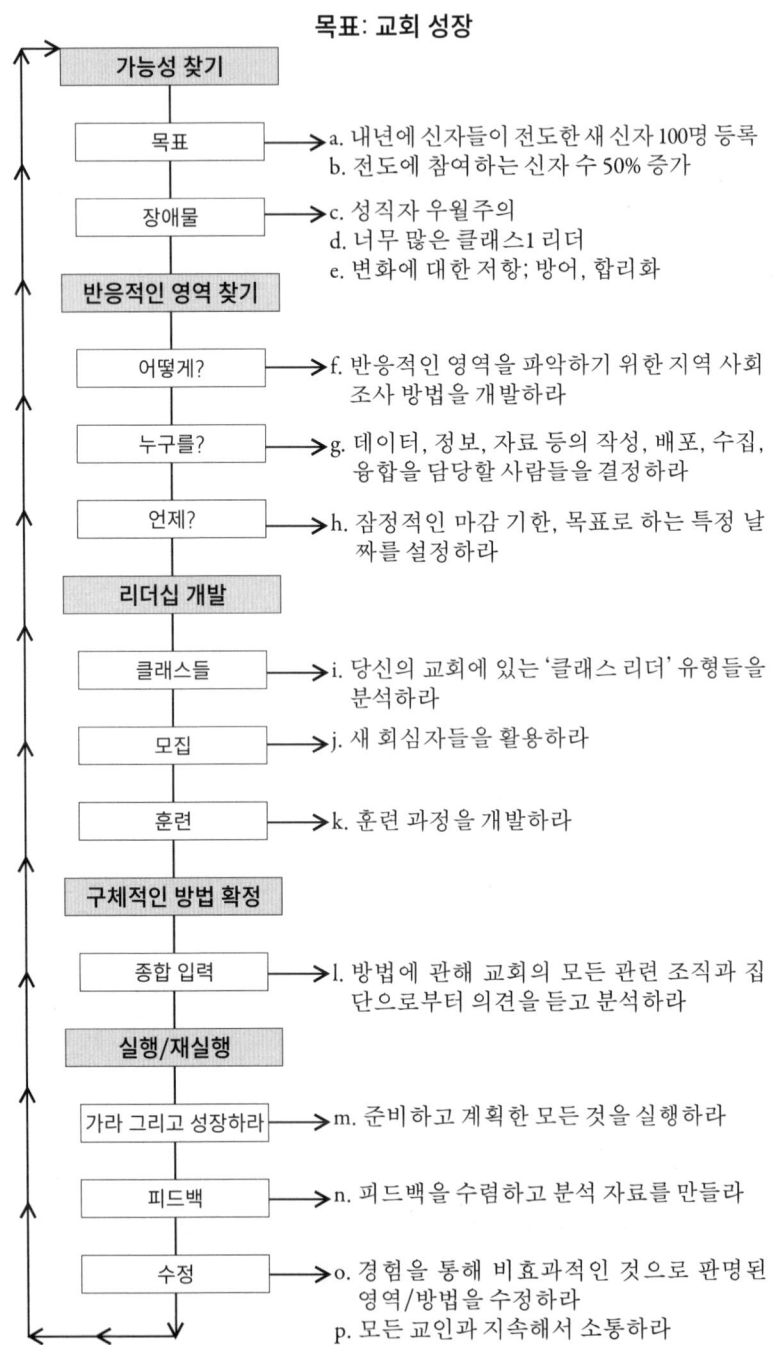

기가 쉬워지고, 결국 장기적인 목표인 최종 목표를 실현할 수 있게 됩니다.

안: 교회 성장을 위해 유사한 도표도 쉽게 설계할 수 있겠군요.

맥: 교회의 목표가 현재 340명에서 800명으로 교인을 늘리는 것이라고 가정해 봅시다. 목표는 800명이 모이는 교회입니다. 그 목표를 달성하는 데 필요한 다양한 단계를 도표로 작성할 수 있습니다. 또는 목표가 같은, 교단에 속한 다른 교회들과 연합하여 이 주(州)에 50개의 새로운 교회를 개척하는 것이라고 가정해 봅시다. 이것이 순서도의 최종 목표일 것입니다. 다양하고 적절한 실행 목표들이 최종 목표에 맞게 삽입되어야 할 것입니다. 목적 진술, 재정 조달, 인력 양성, 재산 확보, 신학적 신념의 창출, 실제 작업 과정, 이 모든 것이 단계에 따라 순서대로 올 것입니다.

이 일에 헌신할 사람을 주옵소서!

안: 이런 도표는 확실히 우리에게 논리적 계획과 시간 순서를 제공할 것입니다. 그런데 계획이 작동하기 위해서 꼭 필요한 한 가지 요소, 곧 개인적 헌신이 여전히 빠져 있습니다. 일을 성공시키기 위해 하나님께서는 각 개인, 평신도 또는 목회자에게 "나는 그저 한 사람에 불과하지만, 하나님의 도움으로 사람들을 구원하는 일과 교회 성장에 헌신합니다."라고 말할 것을 요구합니다.

맥: 맞습니다. 개인마다 책임 의식이 있어야 합니다. 모든 사람의 임무는 누구의 임무도 아닙니다. 교회 성장을 논의하는 각 개인이 "나는 이 일을 위해 뭔가를 **하겠습니다**."라고 말하지 않는 한 그것에 관

한 모든 논의는 소용이 없을 것입니다. 아이디어는 육화(肉化)되어야 합니다. 멋진 시작 방법은 기도입니다. 만일 회중 가운데서 어느 한 그룹이 교회의 성장을 위해 꾸준히 기도한다면 그들의 교회는 성장할 것입니다.

안: 성경에 보면, 추수의 주님께서 일꾼들을 보내 주시기를 기도하라고 우리에게 말씀하십니다.

맥: 대부분의 교회는 클래스2 일꾼들이 대폭 늘어나야 합니다. 그들은 시간을 드리고 맡은 일에 대해 개별적으로 책임을 질 뿐만 아니라 "교회의 성장은 제 일입니다. 저는 그것을 위해 뭔가를 할 것입니다."라고 말하는 사람들입니다.

안: 결론적으로 모든 것은 개인의 헌신에서 시작되어야 합니다. 그리스도인 개개인은 하나님의 도움을 힘입어 이웃, 교외, 도시에서 교회를 성장시키겠다고 결심해야 합니다. 이렇게 헌신하는 사람들이 성장 계획을 구체적으로 실행에 옮깁니다.